W0062139

INHALT

Geist und Psyche

Annelise Heigl-Evers
und Franz Heigl

Gelten und Geltenlassen
in der Ehe

Eine tiefenpsychologische Studie

3., unveränderte Auflage

Kindler
Taschenbücher

Kindler Verlag GmbH, München
Ungekürzte Lizenzausgabe mit Genehmigung
des Verlages für Psychologie Dr. C. J. Hogrefe,
Stuttgart-Bad Cannstatt
Gesamtherstellung: Friedrich Pustet, Regensburg
Printed in Germany 1974
ISBN 3 463 18128 2

VORWORT

Wir haben die Absicht, das Gebiet des zwischenmenschlichen Kontaktes in einer seiner intimsten Formen, in der Ehe, sowohl interessierten Eheleuten wie auch den mit Eheproblemen befaßten Experten näherzubringen. Diese Studie ist die erste Fortsetzung in der Reihe „Eheleute unter sich", die mit dem Thema „Geben und Nehmen in der Ehe" begann. In einer in sich geschlossenen Darstellung behandelt sie die Problematik der Einordnung und Selbstbehauptung in der Ehe.

Es liegt uns daran, eine gerade bei der Erörterung von Ehefragen naheliegende Gefahr zu vermeiden: Ideale aufzuzeigen, ohne anzugeben, welche innerseelischen Hindernisse ihrer Verwirklichung entgegenstehen. Zur Aufdeckung dieser Hindernisse ist es notwendig, zu den unbewußten Beweggründen des Erlebens und Verhaltens vorzudringen. An diesen nicht-bewußten Motiven scheitern erfahrungsgemäß immer wieder der gute Wille und der gute Vorsatz, das Zusammenleben in der Ehe zu bessern. *Aldous Huxley* sagt: „Wir fassen zu Neujahr gute Vorsätze; aber wir wissen nicht, wie wir ihnen folgen sollen. Alles, was uns dazu verhilft, ihnen zu folgen, scheint mir von einer Wichtigkeit, die nicht überschätzt werden kann."

Die dialogischen Szenen zwischen Eheleuten in dieser Schrift wurden realen Beispielen nachgebildet, wie wir sie in klinischer und ambulanter psychoanalytischer Praxis beobachten konnten. Auf Wunsch vieler Leser des ersten Buches wurden die psychologischen Kommentare zu den Szenen erweitert, wurde insbesondere die frühkindliche Genese seelischer Störungen breiter und detaillierter dargestellt, als es im ersten Band geschah.

In einem weiteren Band unter dem Titel „Lieben und Geliebt-werden in der Ehe" werden wir auf die Störungen des Liebeserlebens im engeren Sinn eingehen.

Wir fühlen uns in unserer Tätigkeit als praktizierende Psychotherapeuten theoretisch vornehmlich bestimmt durch die Konzeptionen und Lehren *S. Freuds, H. Schultz-Henckes, E. Fromms* und *K. Horneys.*

Göttingen, im September 1963

I. ALLGEMEINE BETRACHTUNGEN
ÜBER GELTUNGSKONFLIKTE IN DER EHE

Du mußt steigen oder sinken,
Du mußt herrschen und gewinnen,
Oder dienen und verlieren,
Leiden oder triumphieren,
Amboß oder Hammer sein.*

Geht es um diese Alternative Amboß oder Hammer, Dienen oder Herrschen — geht es insbesondere in der Ehe darum? In der Ehe würde dies bedeuten, daß einer der Partner herrscht, indessen der andere sich in übergefügiger Anpassung beherrschen läßt. Tatsächlich drängen sich angesichts mancher Ehen solche Bilder und Gleichnisse auf wie etwa das von Hammer und Amboß, von Herrschaft und Dienstbarkeit, von einer vertikalen Zuordnung, bei der man sich von oben-nach-unten beziehungsweise von unten-nach-oben zueinander einstellt.

Auch in den Auskunfteien für Ratsuchende, den sogenannten „Briefkästen" mancher Illustrierten wird den Fragenden — sie sind zumeist weiblichen Geschlechts — oft empfohlen, sich dem Partner anzupassen. Diese Anpassung wird in dem Sinne erläutert, daß man den ausgesprochenen und unausgesprochenen Wünschen und Erwartungen des anderen möglichst weit entgegenkommen und um ihre Erfüllung sich bemühen solle. Davon, wie dem Fragenden selbst zumute ist, wie denn sein eigenes Wollen und Wünschen aussieht, ist dabei nicht oder kaum die Rede. Es wird also einer kritiklosen Gefügigkeit, einem weitgehenden Aufgeben des eigenen Willens das Wort geredet.

Es gibt auch heute noch viele Eltern, besonders Mütter, welche die Erziehung ihrer Töchter unter jenes Motto stellen, das als Definition weiblicher Seinserfüllung auch von Goethe geprägt wurde:

Dienen lerne beizeiten das Weib nach seiner Bestimmung;
Denn durch Dienen allein

gelange die Frau zu allem, was ihr das Leben erfüllend und befriedigend werden lasse. Die Frau solle fügsam sein, heißt es. Und es wird vielleicht

---

* aus dem „Kophtischen Lied" von J. W. v. Goethe

noch hinzugefügt, daß diese weibliche Fügsamkeit, vorausgesetzt die Betreffende liebe ihren Ehepartner wirklich, gar nicht so sehr eine Last, sondern geradezu ein Bedürfnis sei.

In den Illustrierten Zeitungen als Niederschlägen heutigen Kollektivbewußtseins findet sich neben der Empfehlung zu weiblicher Duldsamkeit und Anpassung freilich auch noch etwas anderes: Auf der Seite, die dem Witz in Wort und Zeichnung vorbehalten ist, erscheint als immer wieder neu variiertes Thema die körperlich imposante, ja übermächtige Frau, die etwa hinter der Korridortür mit gezücktem Teppichklopfer in zornigem Grimme dräut. Sie wartet auf ihren eher kleinwüchsigen und schmächtigen, vom Stammtisch verspätet heimkehrenden Ehemann, der gerade angstschlotternd versucht, den Wohnungsschlüssel unhörbar ins Schloß zu praktizieren. Das heißt also: Es gibt auch eine vielleicht nicht einmal kleine Anzahl von Männern, die — in der erwähnten Witzzeichnung fast buchstäblich — die Rolle des Amboß' übernommen haben. Man denke an jene gleichfalls beliebte Karikatur, auf der ein Mann in der Küche mit Bergen schmutzigen Geschirrs kämpft, indessen die Frau rauchend und lesend im Wohnzimmer in einem Sessel lagert. Es ist die Rolle des Unterwürfigen, der ein ergebenes „ja, Liebling, du hast recht" alle Zeit auf der Zunge bereit hält. Freilich wird in unserer Sozietät die gefügige Anpassung des Mannes weniger propagiert als eben karikiert.

Forscht man nach den bewußten Motiven solcher Unterwerfung, dann erfährt man zum Beispiel von dem Betreffenden, daß er seine Frau ja doch liebe und eben ihr „zuliebe" darauf verzichte, seinen eigenen Willen ins Spiel zu bringen. Man hört auch vom Wunsch nach häuslichem Frieden um jeden Preis. „Lieber gebe ich nach, als daß es Rauch in der Küche gibt. Ich will zu Hause meine Ruhe haben". Gelegentlich wird diese Willfährigkeit um des lieben Friedens willen ein bißchen verbrämt mit Herablassung gegenüber der Partnerin, die im Sinne einer wirklichen Auseinandersetzung nicht ernst zu nehmen sei. „Mit Weibern sich streiten ist fruchtlos".*

Wie nun gestaltet sich eine Ehe, in der einer der Partner sich zum Amboß macht? Wie wirkt es sich an einem Menschen aus, wenn er sich gefügig den Erwartungen und Bedürfnissen des anderen anpaßt? Obenhin betrachtet scheinen solche Ehen oft ganz reibungslos zu verlaufen. Der eine befiehlt, der andere gehorcht — kann es durchsichtiger und einfacher zugehen? Hat man aber Gelegenheit näher hinzuschauen, dann entdeckt man, daß der gefügige, der „willenlose" Ehepartner gesundheitlich nicht immer gut beieinander ist, daß er schmerzhaft gespannte

---

* aus „Häusliche Szene" von E. Mörike

10

oder verkrampfte Muskelpartien hat, daß er zu Kopfschmerzen neigt oder auch zu erhöhtem Blutdruck.

Es kommt auch vor, daß der Gefügige durch seelische Abartigkeiten auffällt. Er hat zum Beispiel — zumeist ist s i e es — eine ausgeprägte Platzangst. Es ist ihr unmöglich, ohne seine Begleitung aus dem Hause zu gehen. Der Partner muß sie auf Schritt und Tritt auf Straßen und Plätzen begleiten, wenn bei ihr, der Braven, nicht allerschwerste und schlechthin unerträgliche Angst auftreten soll. Oder es sind schließlich auch charakterliche Auffälligkeiten zu beobachten, Charaktersymptome sozusagen. Der scheinbar so friedvoll Ergebene bekommt zum Beispiel in Abständen von 2—3 Wochen einen regelrechten Jähzornsanfall und sprengt damit den gewohnten Rahmen seiner gefügigen Unterordnung.

Was ist in diesen Fällen vor sich gegangen? Ein Grundgesetz des Lebens hat sich durchgesetzt, das Gesetz eines mächtigen Expansionsdranges, wonach alles Lebendige sich entfalten und ausbreiten will. Wird das Lebendige in seiner Ausbreitung behindert, dann ertrotzt es sich auch gegen die Behinderung seine Existenz, wenngleich in unterdrückter und entstellter Form. Werden menschliche Grundbedürfnisse, elementare lebendige Wirkkräfte von ihrem Träger abgelehnt und daher nicht gelebt, so können sie sich nur noch indirekt, gegen den Willen des Betreffenden, durchsetzen. Dadurch, daß sie dem bewußten Wollen und der steuernden Vernunft entzogen sind, verwandelt sich jedoch ihre lebensdienliche in eine schädliche Wirkung.

Da ist die Frau, die sich einerseits total ihrem Manne anpaßt, entschlossen und gewillt, ein ergeben dienendes Wesen zu sein. Diese auf willenlose Hingabe gestimmte Frau leidet an einer Straßen- und Platzangst. Sie kann und mag auch nicht einen Schritt allein gehen außerhalb des Hauses. Sie will allenthalben an der Hand genommen und beschützt sein. Sie ist andererseits eine unnachgiebige Zwingherrin: Sie zwingt — durch das Mittel ihres Angstleidens — ihren Mann, sie überall zu begleiten, ihr ständiger „Gefolgsmann" zu sein. Sie macht auf diese Weise, ohne es selbst zu merken, ihren Herrn und Meister zum geplagten Sklaven. Oder da ist der Mann, der sich seiner Frau fast knechtisch unterordnet und dann in jähem Zorn das Geschirr zerschlägt oder auch seine Frau bedroht und vielleicht verprügelt. Vom zu lange gestauten Affekt überwältigt, holt er auf diese Weise seiner Frau gegenüber an „Mannhaftigkeit" nach, was er einmal wieder 2—3 Wochen lang versäumt hat. Hinterher ist er dann meist zerknirscht.

Eigenwilligkeit, die Kraft des Willens, die darauf dringt, sich Raum zu verschaffen, ist ein unabdingbares Bedürfnis eines jeden Menschen. Werden diese eigenwilligen Impulse in der frühen Kindheit unterdrückt,

11

so können sie sich fortan nur noch in Zerrformen verwirklichen. Diese Zerrformen gehören in den Bereich der Neurose. Die unterdrückten Impulse erscheinen als körperliche, seelische oder charakterliche Symptome.

Auf diese Weise geht es also nur schlecht: Willig stillhalten und herhalten, dem anderen als Amboß dienen, sich ihm immer gefügig anpassen und angleichen, führt nur zu eigenem Leid und Leiden und stört obendrein das Miteinander und damit letztlich auch den Partner erheblich.

Und die gegenteilige Empfehlung, die andere Rolle, das Hammer-sein, wie sieht es damit aus? Hammer-sein, das hieße also, ganz offenkundig die Herrschaft in der Ehe übernehmen, die Zügel ergreifen, ein für allemal, und das Fahrtziel, den Weg dorthin, das Tempo, eben mehr oder weniger alles bestimmen. In unserer Kultur wird diese Rolle immer noch eher dem Manne sowohl zugestanden als auch von ihm beansprucht. Freilich ist andererseits auch ein Frauentyp nicht selten, der mit mehr oder minder gutmütiger und mitleidiger Herablassung kundtut, es muß nicht immer in Worten geschehen: „Mein Mann, der Liebe, – er ist solch ein Kind in vielen Belangen, zumal in allen praktischen. Man muß ihn führen und hüten. Wie würde es ihm wohl ergehen, wenn i c h nicht alles in meine Hände nähme".

Natürlich sind viele Übergänge und Spielarten in dieser Hinsicht denkbar und auch zu beobachten, von einem dezent vertretenen und nach außen wenig sichtbaren Führungsanspruch über eine unbefangen und mit schlichter Selbstverständlichkeit zur Schau getragene Herrschlust bis hin zur unduldsamen und gespannten Herrschsucht, die kein Zuwiderhandeln, keine Widerrede, ja nicht einmal ein Andersdenken zuläßt.

Freilich findet eine solche Form der Ehe auch ihre Befürworter. Viele Frauen wünschen sich geradezu einen dominierenden Mann. Sie schwärmen in angenehmem Kleinmädchen-Erschauern von einem „überlegenen Mann", der auf jeden Fall „klüger und stärker ist", einer mächtigen Eiche, an die man sich anlehnen, einem Riesen, in dessen Schutz und Schirm man geborgen ist. Oder es wird – zumeist von Männern – der Standpunkt vertreten: Einer kann schließlich nur bestimmen. Wohin kämen wir, wenn zwei befehlen wollten? Daß dieser eine der Mann ist, wird als so selbstverständlich vorausgesetzt, daß es gar keiner ausdrücklichen Erwähnung bedarf.

In solchen Zusammenhängen erscheint die Ehe vorwiegend als eine hierarchisch gestufte Zuordnung zweier Menschen, als eine einseitig gelenkte Institution, in der einer den Kopf hoch trägt, indessen der andere ihn demütig gesenkt hält. Nach solchem Muster geprägte Ehen – der starke Baum von Mann mit der ergeben angeschmiegten Kind-Frau, Magd-Frau — scheinen oft gut zu funktionieren.

Wenn man genauer hinschaut, sieht es freilich auch für den Hammer-Partner meistens nicht so gut aus, wie der Augenschein es weismachen will. Es kommt zwar bei ihm nicht so häufig zu einem neurotischen Symptom, wie es zuvor für den gefügig angepaßten Partner geschildert wurde. Der Herrschende zahlt vielmehr einen anderen Preis: Er zerstört durch seine Dominanz viele Möglichkeiten zwischenmenschlichen Austausches und mitmenschlicher Kommunikation. Der Beherrschende behandelt den anderen vorwiegend als bloßes Objekt ohne eigenen Willen, er manipuliert ihn wie eine Marionette, er schiebt ihn wie eine Schachfigur auf dem Feld seiner Wünsche und Planungen jeweils dorthin, wo es ihm am dienlichsten erscheint. Damit schädigt sich der Dominierende aber im Grunde selbst. Weil er den anderen nicht als Subjekt, als eigenständiges Wesen ansehen kann mit eigenen Sinnen, eigener Meinung und eigenem Urteil, deswegen verliert er in ihm einen möglichen Partner. Der Partner ist ein partionarius der lateinischen Sprachwurzel nach, das heißt ein Teilhaber und Mitspieler.

Der oder die in Unterwerfung Gehaltene der beiden Ehepartner bleibt vergleichsweise unselbständig, wird in vieler Hinsicht nie erwachsen und bleibt vom Herrn oder der Herrin in passiver oder in kindhafter Weise abhängig. Diese Art der Abhängigkeit aber kommt dem Herrschlustigen oder Herrschsüchtigen zumeist teuer zu stehen.

Immer wird der vordergründig so unabhängig wirkende Alleinherrscher in der Ehe von dem nur-dienenden Partner, dem Partner ohne Urteil und Widersetzlichkeit abhängig. Er braucht ihn nicht nur als Objekt seiner Herrschbegierde, weil seine Hammer-Funktion ohne den Amboß sinnlos ist und nicht wirksam wird. Man weiß, wie das Selbstgefühl eines Kommandierenden leiden kann, wenn niemand da, der zu kommandieren ist. Er wird vor allem aber auch dadurch abhängig, daß er in einem großen und oftmals wachsenden Ausmaß die vielfältigsten Verpflichtungen für seinen unselbständigen Diener übernehmen muß. Überall da, wo er dem anderen keine Selbständigkeit zubilligt, muß er zwangsläufig stellvertretend für ihn eintreten. Außerdem verhindert der Herrschende durch seine Dominanz, daß es zwischen ihm und dem Unterworfenen zu einer Art des Austauschs von Gefühlen, Gedanken und Ideen kommt, wie er nur in der freiheitlichen Atmosphäre zwischen zwei gleichgeordneten Partnern möglich ist. Der Überangepaßte ist eigentlich nur zum Echo fähig, allenfalls noch zur Resonanz, aber schwerlich zu Erwiderung und Anrede.

Also auch das Hammer-Sein, das Herrschen und Triumphieren ist keine befriedigende Antwort auf die Frage: Wie lebe ich mit meinem Ehepartner so zusammen, daß es zu einem vielseitigen Austausch und zu beidseitiger Entfaltung kommt. Die willfährig-gefügige Anpassung ruft körperliche, seelische oder charakterliche Störungen und Symptome hervor und beeinträchtigt damit die Ehe. Ihr Gegenteil, die Tendenz zur Beherrschung des anderen, macht den Partner zum Objekt, oder, anders ausgedrückt, läßt ihn gar nicht erst zum Partner im eigentlichen Wortsinn werden. Sie beläßt ihn in unfreier Abhängigkeit, verhindert so eine wirkliche Gemeinschaft und bringt damit auch die Weiterentwicklung des Herrschenden in vieler Hinsicht zum Stocken.

Es ging aus dem bisher Geschilderten schon hervor, daß das scheinbar Entgegengesetzte und Getrennte in Wirklichkeit zusammengehört, daß Hammer- und Amboß-sein nur vom vordergründigen Phänomen her eine Alternative darstellen. Menschen dieser gegensätzlichen Einstellung finden und schließen sich häufig aus starker wechselseitiger Anziehung heraus zusammen. Der herrschsüchtige Mann sucht sich instinktiv eine übergefügige Frau und umgekehrt. Außerdem zeigen sich auch im Erleben ein und desselben Menschen immer beide Eigenschaften so wie Vorder- und Rückseite einer Medaille. Eine der beiden ist dabei im allgemeinen voll beleuchtet und damit augenscheinlich. Die andere liegt gleichsam im Schatten und entzieht sich damit oft der Beobachtung.

Es geht dabei um ein entscheidendes Phänomen des menschlichen Charakters, das nur mit einer speziellen Beobachtungs- und Denkform zu erfassen ist. Der darin Ungeschulte beobachtet beim anderen entweder nur dessen Dominanzstreben, erlebt ihn nur als Herrschsüchtigen, oder aber beobachtet nur dessen Unterordnung, erlebt ihn nur als Übergefügigen. Fällt ihm bei dem als herrschsüchtig Klassifizierten doch einmal ein übergefügiges Verhalten auf, dann unterläßt er es im allgemeinen, die beiden gegensätzlichen Fakten im Denkakt miteinander zu verknüpfen, sie — im Sinne gegenseitiger Bedingung — als zusammengehörig zu betrachten. Er ist lediglich überrascht und vermag nicht einzuordnen, warum der Herrschsüchtige ganz gegen seine Art in dieser Situation so weich und nachgiebig ist. Er empfindet, daß ein solches Verhalten nicht zu dem Betreffenden paßt. Er kann die beiden gegensätzlichen Charakterzüge und Verhaltensweisen nicht als etwas Zusammengehöriges, als ein Gegensatzpaar miteinander verknüpfen.

Tatsächlich gehören im menschlichen Erleben Gegensätze wie Überbescheidenheit und Anspruchshaltung, Überreserviertheit und Takt-

---

* E. Fromm: Zen Buddhism and Psychoanalysis. Harper and Brothers, New York, 1960. S. 101 ff.

losigkeit, Sadismus und Masochismus, stille Gefügigkeit und heftige Aggressivität paarweise immer zusammen. Tatsächlich schließt zum Beispiel die Herrschsucht die Übergefügigkeit ein und umgekehrt; sie fordern einander als komplementäre Ergänzung. Das Hammer-Amboß-Prinzip läßt nur zwei Positionen zu und schließt ein freies Spiel der Kräfte aus. Der diesem Prinzip Verhaftete hat nur die Möglichkeit entsprechend der jeweiligen Kräfterelation entweder Hammer oder Amboß zu sein.

Das Phänomen der zusammengehörigen Gegensätze im Bereich des Psychischen hat vor allem die Aufmerksamkeit Sigmund Freud's[*] gefunden und ihn zu schöpferischen Auseinandersetzungen angeregt. Er beobachtete Gefühlskonstellationen, die durch zwei in annähernd gleicher Weise ausgebildete Triebgegensatzpaare, oft mit Verdrängung des einen Anteils bestimmt sind, zum Beispiel durch Liebe und Haß, die gleichzeitig auf die nämliche Person gerichtet werden. Er bezeichnete solche Konstellationen nach dem Vorschlag des Psychiaters Bleuler als „ambivalent". Der Begriff der Ambivalenz, der Doppeldeutigkeit (W. Stekel spricht von „Bipolarität" der Gefühle) trägt der Tatsache Rechnung, daß menschliches Fühlen und Verhalten oft von zwei entgegengesetzten Motiven getragen und bestimmt ist, daß ein und derselben Beziehungsperson gegenüber Impuls und Gegenimpuls nebeneinander vorhanden sein können. Um der Mehrdeutigkeit menschlichen Erlebens gerecht zu werden, muß man in besonderer Weise beobachten und zum Beispiel auch die nicht-verbalen Äußerungen des Menschen, sein Ausdrucksverhalten im weitesten Sinne erfassen lernen. Der chinesische Denker Laotse sagt im 78. Spruch des Tao-Te-King:[**] „Wahre Worte sind wie umgekehrt." Sein Übersetzer Richard Wilhelm meint, dieser Ausspruch würde modern ausgedrückt lauten: „Die Wahrheit klingt oft paradox."

Im Erleben des Menschen gehört Gegensätzliches also häufig zusammen. Es schließt nur scheinbar einander aus. Herrschsucht und sklavische Unterwerfung finden sich nicht nur in dem Sinne gepaart, daß ein Ehepartner dominiert und der andere dient, sondern sie finden sich auch nebeneinander bei ein und demselben Menschen. Der herrschsüchtige Mann ist

---

[*] S. Freud: Ges. Werke, Imago Publishing Co., LTD. London 1950, Bd. V, S. 99, Bd. VII, S. 455, Bd. VIII, S. 372/73

[**] Laotse: Tao Te King. Das Buch des Alten vom Sinn und Leben, aus dem Chinesischen verdeutscht und erläutert von Richard Wilhelm, Eugen Diedrichs Verlag 1921

15

immer auch ein im Übermaß gefügiger; die dienende Magd ist immer auch voll anmaßender Herrschsucht. Nur ist der letztgenannte Teil des Gegensatzpaares oft verdrängt und versteckt, indes der andere das vordergründige Erleben und den vordergründigen Eindruck bestimmt.

So begreift zum Beispiel die überrücksichtsvolle und immer nachgiebige Sekretärin nicht, warum sie dennoch immer wieder in Streit mit ihren Kollegen und Kolleginnen gerät. Die Rückseite ihrer Nachgiebigkeit, ein rechthaberisches Pochen auf bestimmte Prinzipien und Grundsätze, liegt für sie selbst im Dunkel, das heißt wird von ihr in Bezug auf Motiv und Affektgehalt nicht voll registriert. Sie hält sich für eine nachgiebige, umgängliche Frau — mit Recht. Ihre Mitmenschen dagegen erleben sie eher — ebenfalls mit Recht — als eine sture Prinzipienreiterin. Beides trifft zu: Sie ist überaus nachgiebig und rücksichtsbereit immer, wenn andere mit entsprechenden Bitten und Erwartungen an sie herantreten; und sie reagiert mit starrer Kompromißlosigkeit, wenn die anderen sich nicht in gleicher Weise den Prinzipien einer bedingungslosen Rücksichtnahme und Hilfsbereitschaft unterwerfen.

Oder der herrschgewohnte Leiter eines großen Betriebes, den alle Angestellten etwas fürchten, merkt nicht, daß seine Ehefrau, daß Frauen überhaupt ihn um den Finger wickeln können. Er, der im Beruf alle Gefühle mitmenschlicher Anteilnahme und Rücksicht beiseite schiebt, ist in bestimmten privaten Bereichen von einer hilflosen gefühlshaften Anhänglichkeit und in kritikloser Weise willfährig. Er ist ein gestrenger Herr in seinem Betrieb und erlebt seine Machtfülle mit Genugtuung. Andererseits ist er jedoch geradezu hörig — freilich ohne es selbst zu merken. Er würde es bestreiten, wenn man ihn darauf anspräche, würde sein Verhalten in dieser Hinsicht wahrscheinlich als ritterlich bezeichnen und damit als Stärke erleben.

Demgegenüber steht eine Möglichkeit des Erlebens und Verhaltens, die als wechselweises Führen und Folgen in Erscheinung tritt. Die Frage, wer jeweils führen und wer folgen solle, findet ihre Antwort in der echten rationalen Autorität.

Das Phänomen der Autorität — das Wort rührt her vom lateinischen auctor i. e. der Mehrer, der Bürge, der Urheber — spielt in allen menschlichen Beziehungen eine entscheidende Rolle. Vom ursprünglichen Wortsinn ausgehend, würde man Autorität demjenigen zuerkennen, der ein Urheber, ein Initiator sein und Impulse vermitteln kann, der ein Mehrer des Bestehenden und der schließlich ein Bürge und Garant für bestimmte Werte zu sein vermag. Wirkliche Autorität beinhaltet demnach eine Bündelung von Kräften, die abzielen auf Entscheidung, auf Mehrung und Erhaltung.

16

Autorität wird also demjenigen zugebilligt, der — in dem Bereich, um den es jeweils geht — erwiesenermaßen der Stärkere und damit der Überlegene ist. Sie schafft eine Relation von Überlegenheit zu Unterlegenheit und umgekehrt. Dabei sind freilich Unterscheidungen zu treffen. Die wirkliche Autorität ist abzugrenzen gegen ihre Zerrformen, die vorwiegend auf Überlegenheit durch äußere Macht und Gewalt basieren.

Erich Fromm* unterscheidet zwischen einer echten oder rationalen und einer hemmenden oder irrationalen Autorität. Er verdeutlicht diesen Unterschied an folgenden Beispielen: An der Beziehung zwischen Lehrer und Schüler einerseits und an der Verkettung von Sklavenhalter und Sklaven andererseits. Beide basieren auf der Überlegenheit des einen gegenüber dem anderen. Aber die Interessen von Lehrer und Schüler laufen parallel. Der Erfolg des Schülers ist auch der des Lehrers. Den Mißerfolg des einen teilt auch der andere. Die Interessen von Sklavenhalter und Sklaven dagegen widersprechen einander weitgehend. Dieser will jenen knechten und einen möglichst hohen Nutzen aus ihm ziehen. Jener will sich der Knechtung und Ausbeutung entziehen, soweit es nur geht, und will daher zum Beispiel mit seiner Arbeitskraft sparen. Der Vorteil des einen ist der Nachteil des anderen.

Die Überlegenheit des Lehrers steht im Dienst des Unterlegenen, des Schülers. Sie dient dazu, dem Schwächeren zu helfen und ihn zu fördern. Die Überlegenheit des Sklavenhalters ist ein dem Schwächeren feindliches Prinzip. Sie zielt darauf ab, sich des Schwächeren zu bemächtigen, ihn zu beherrschen und ihn auszunutzen. Natürlich sind damit im einen wie im anderen Fall idealtypische Beschreibungen gegeben. Im wirklichen Geschehen gibt es vielfältige Zwitterformen der rationalen helfenden und der irrationalen unterdrückenden Autorität. Gerade weil sich in der Wirklichkeit des Lebens und Erlebens beide Formen von Autorität mischen, ist es für die Beurteilung einer zwischenmenschlichen Beziehung und besonders auch der Ehe wichtig, die Eigenarten jeder der beiden zu kennen, um ihr jeweiliges Gewicht abschätzen zu können.

Verschieden sind nicht nur die Interessen der Personen, die im Sinne einer entweder rationalen oder aber irrationalen Autorität aneinander gebunden sind. Auch die Dynamik der Beziehung ist von unterschiedlicher Natur. In dem Maße, in dem ein Schüler von seinem Lehrer lernt und in der Entfaltung seiner Kräfte gefördert wird, gleicht sich das Niveau zwischen ihnen aus. Nach der Spanne dieser Niveaudifferenz bemißt sich die zwischen beiden waltende Autorität. Mit dem Laufe der

* E. Fromm: The Fear of Freedom. Routledge and Kegan Paul, London 1955, S. 141 ff.

17

Zeit strebt also eine solche Autoritätsbeziehung dahin, sich auszugleichen und damit ihren autoritären Charakter zu verlieren. Der Unterlegene zeigt sich dem Überlegenen allmählich mehr und mehr gewachsen und wird damit gleichgeordnet. In einer durch irrationale Autorität beherrschten zwischenmenschlichen Situation vergrößert sich der Niveauunterschied, je länger die Beziehung andauert. Denn der auf Grund irrationaler Autorität Überlegene wird immer danach streben, die eigene Macht dadurch zu erhalten und zu mehren, daß er den Unterlegenen unterdrückt und klein hält und die autoritäre Beziehung zu ihm damit verewigt.

Auch die affektive Gestimmtheit des Unterlegenen gegenüber dem Träger der so oder so gearteten Autorität ist sehr unterschiedlich. Der rationalen Autorität gegenüber regen und bilden sich Gefühle von Respekt, Bewunderung, Liebe und Dankbarkeit. Gegen die irrationale Autorität dagegen erheben sich unweigerlich feindselige Affekte und jener aus Verletztheit und Ohnmacht erwachsene und oftmals auf Rache dringende Haß, dem Nietzsche als Ressentiment seine besondere Begriffsbestimmung gegeben hat. Solche Ressentiments drängen zu Auflehnung und „Tyrannenmord"; daher sind sie für ihren Träger gefährlich und werden infolgedessen dem Bewußtsein meist ferngehalten.

Damit wären wir wieder an dem Kern unserer Frage, wer denn nun führen und wer folgen solle in einer Ehe. Unter dem Blickwinkel einer irrationalen Autoritätsbeziehung ist dieses Problem nicht zu lösen. Immer sammeln sich bei dem in solcher Weise Unterlegenen Ärger und Zorn, ja Haß und Rachegelüste, Affekte, die zu — seelisch bedingten — Krankheitssymptomen Anlaß geben können und außerdem natürlich die Beziehung der „Partner" erheblich beeinträchtigen und stören. Immer auch verkümmert der Überlegene, der den Ehegefährten nicht als Subjekt und Partner anspricht, sondern ihn als Objekt behandelt und manipuliert. Er verkümmert in seinen zwischenmenschlichen Erlebnismöglichkeiten. Unter dem Druck der von ihm geübten irrationalen Autorität wird eine strömend-gefühlshafte Beziehung vom kleingehaltenen Partner her gar nicht erst entstehen, geschweige denn tragfähig werden. Aber auch seine eigene gefühlshafte Entfaltung, die Ausfächerung von Vertrauen, von Hingabe und Zärtlichkeit, die Spontaneität der Gefühle überhaupt kommt ins Stocken und zum Erliegen; denn nur solche Lebensfunktionen, die ständig geübt und gepflegt werden, bleiben erhalten, entwickeln sich weiter und gedeihen.

Die Lösung für das Problem der Zuordnung in der Ehe kann demnach nicht heißen: Dienen oder Herrschen. Das Optimum der Zuordnung wird vielmehr durch eine im Wechsel geübte helfende Autorität erreicht. Der

18

jeweils Stärkere führt, fördert, hilft. Daraus ergibt sich eine elastische Rangordnung. Das Szepter wandert gleitend zwischen den Partnern hin und her. Es entsteht eine Atmosphäre des Miteinander. Dem entspricht auch die moderne soziale Entwicklung in unserem Kulturbereich. „Das Herrschafts- oder Unterordnungsprinzip (in der Ehe) wird mehr und mehr durch das Gleichordnungs- oder Genossenschaftsprinzip ersetzt."*

Vielleicht löst es Bedenken aus, daß wir bei der Erörterung von Durchsetzungs- und Geltungsproblemen in der Ehe ausgerechnet die Idee der Autorität bemühen. Der Begriff der Autorität wird im allgemeinen im Zusammenhang mit öffentlicher Stellung und öffentlichem Amt verwandt oder sogar mit Amt und Stellung identifiziert. Es haftet ihm damit etwas Hochoffizielles an, das für den intimeren zwischenmenschlichen Bereich der Ehe nicht anwendbar erscheint. Tatsächlich geht es jedoch auch in der Ehe um eine Beziehung zwischen Menschen, deren Begabungen, Kräfte und Fähigkeiten sowohl qualitativ wie quantitativ unterschiedlich angelegt und ausgebildet sind und die sich entsprechend einander zuordnen müssen.

Die Wirksamkeit der rationalen oder helfenden Autorität in der Ehe sieht so aus, daß der durch Begabung, Kenntnis, Erfahrung und spezielle Charakterstärke in einem Lebensbereich Überlegene in diesem Bereich auch führend vorangeht. Der ihm folgende unterlegene Partner kann in verschiedener Weise auf die Überlegenheit des anderen antworten.

Er kann sich zum Beispiel von seinem Partner helfen lassen, entsprechende Fähigkeiten gleichfalls zu entwickeln. Das mag sich praktisch folgendermaßen abspielen: Der Mann, ein Meister der Planung und ein „Herr des Überblicks" (Thomas Mann) bietet sich auf Grund dieser Fähigkeit an, die Vorbereitung zum Beispiel einer Urlaubsreise in die Hand zu nehmen. Die Frau hingegen — hochbegabt in der Kunst der Improvisation — gibt durch die von ihr inspirierten Unternehmungen dem Urlaub Farbigkeit und Würze. Es bleibt dabei jedoch nicht bei einer Arbeitsteilung zwischen den Partnern, sondern der eine guckt dem anderen bei seinem Tun gleichsam über die Schulter und läßt sich einweihen in die Kunst, die jeweils des anderen Stärke ist. Der Führende ist auch gleichzeitig der Lehrende. Und der Geführte folgt nicht in passivem Nachtrotten, sondern bemüht sich, es dem Fähigeren — auf die eigene Art natürlich — gleichzutun. Auf diese Weise sind beide wechselseitig Führer und Geführte und lernen dabei gleichzeitig voneinander. Das

---

* R. König: „Soziologie der Familie" in Soziologie, Lehr- und Handbuch zur modernen Gesellschaftskunde, Eugen Diederichs Verlag 1955, S. 129

wird man freilich nur tun, wenn man Lust und Interesse oder auch die Notwendigkeit verspürt, die spezifischen Stärken des anderen, denen zunächst eine eigene Schwäche entspricht, gleichfalls zu entwickeln und zu erlangen.

Man kann auch an der Stärke des Partners in der Weise teilhaben, daß man nur receptiv Gewinn daraus zieht und zum Beispiel die Kochkunst, das Klavierspiel des anderen aufnehmend genießt, ohne selbst an der Beherrschung dieser Künste und Fähigkeiten interessiert zu sein, daß man sie also neidlos anerkennt und bewundert. Man wird sich zum Beispiel auch an den beruflichen und sozialen Erfolgen des Partners, die einem selbst in dieser Form vielleicht nicht erreichbar wären, teilnehmend freuen und die Verbesserung und Erweiterung der eigenen Lebenssituation, die sich daraus ergeben kann, genießen und ausschöpfen.

Insbesondere sind es auch die geschlechtsspezifischen Stärken des Partners, die man genießen möchte und deshalb neidlos bewundern kann — die größere körperliche Kraft des Mannes zum Beispiel, die im allgemeinen größere Rundheit und Weichheit der Frau, die spezifisch männliche Fähigkeit zum Eindringen und Zeugen und die spezifisch weibliche Fähigkeit zum Empfangen und Gestalten, im biologischen sowohl wie im gefühlshaft-geistigen Sinn.* Die Unfähigkeit, als Mann weibliche und als Frau männliche Stärke zu genießen und stattdessen ein neiderfülltes und quälendes, weil letztlich ergebnisloses Streben danach gehört in den Bereich der Zerrformen des Wettbewerbs.

Es ist ferner möglich, daß man an den Stärken des anderen nicht nur receptiv partizipiert, sondern sich auch kritisch damit befaßt und auseinandersetzt — auch wenn man selbst über diese Stärke nicht verfügt und auch gar nicht verfügen will.

Es versteht sich, daß die helfende Autorität auch die Fähigkeit zum Nachgeben einbezieht. Tatsächlich vergibt man sich nichts, wenn man — und sei es auch erst nach eifriger Diskussion und zähem Ringen — die stichhaltigeren Argumente des anderen einsehen muß und überzeugt nachgibt.

Es geht also darum, sich durchzusetzen und einzuordnen, sich, je nach Situation, zu behaupten oder anzupassen. Aber die Anpassung bedeutet nicht unkritisch-übergefügige Unterwerfung, sondern sie folgt der Erkenntnis: Der andere versteht mehr von Kindererziehung oder Wohnungsgestaltung, er kennt sich besser aus in den Fragen der Geldanlage, er weiß und kann erklären, wie ein Explosionsmotor funktioniert. Frei-

---

* Weiteres in „Eheleute unter sich" (Band 3) „Lieben und Geliebt-werden in der Ehe", in Vorbereitung

lich wird es nicht immer geschehen, daß der eine Partner durch den anderen überzeugt wird. Es wird auch zu grundsätzlichen Meinungsverschiedenheiten zwischen den Eheleuten kommen.

Es ist doch einfach ein Wunschbild, so bezaubernd wie unwirklich, zu glauben, daß zwei Menschen, mögen sie sich auch noch so gut verstehen und einander zugetan sein, in allen Lebenslagen die Ansichten teilen und einer Meinung sein könnten. Seit der Erklärung der Menschen- und Bürgerrechte zunächst 1789 in Nordamerika und dann — in Anlehnung an das amerikanische Vorbild — 1790 in Frankreich ist das Recht auf freie Meinungsäußerung ein integrierender Bestandteil des Grundgesetzes jeder modernen demokratischen Ordnung. Es wäre merkwürdig, wenn ein in allen sozialen Beziehungen geltendes Recht, das Recht auf eigene Meinung und auf Kritik an der Meinung anderer bis hin zur direkten Opposition, nur in der Ehe keine Gültigkeit haben sollte.

Die Art und Weise, wie Kritik und oppositionelle Meinung von dem Partner aufgenommen wird, gegen den sie sich richtet, bildet ein untrügliches Merkmal dafür, ob der mit Kritik Bedachte Träger einer vorwiegen rationalen oder aber Vertreter einer vorwiegend irrationalen Autorität ist. Findet er sich bereit, die Kritik anzuhören, sie zunächst einmal aufzunehmen und sich Gedanken darüber zu machen, Gedanken, die ihrerseits wiederum kritisch sein mögen, dann trifft er sich und spricht mit dem anderen auf gleicher Ebene — auch wenn er sich in dem diskutierten Bereich überlegen fühlt und es auch wirklich ist. Reagiert er dagegen empfindlich und ärgerlich, abwehrend oder eisig-befremdet oder mit hochmütiger Ablehnung auf den Kritiker, hört sich die Kritik gar nicht erst an oder versucht sie mit einer Handbewegung ohne Bedenken abzutun, dann vertritt er zweifellos eine irrationale Autorität. Er verlangt dann im Grunde unbedingten Gehorsam, kritiklose Anerkennung und blinde Gläubigkeit angesichts seiner „Überlegenheit".

Es kann ganz aufschlußreich sein, sich selbst als Ehemann oder als Ehefrau in den eigenen Reaktionen auf die Kritik der Partnerin oder des Partners zu prüfen und eine etwa festgestellte Überempfindlichkeit als Anreiz zu nehmen, den eigenen herrscherlichen oder tyrannischen Gelüsten einmal genauer nachzugehen.

Es geht darum, wie Kritik erlebt und verarbeitet wird. Es geht aber auch darum, wie sie geübt und vollzogen wird — Kritik, die Kunst der Prüfung und Beurteilung, „eine methodische Übung der Urteilskraft", wie der französische Moralist Jaubert* sie definiert.

---

* Jaubert: „Über Schriftstellerei und Stil" in „Die französischen Moralisten", Sammlung Dieterich, Bd. 16, S. 183

Bezüglich der ihr innewohnenden Motivationen läßt sich eine konstruktive auf Förderung des anderen abzielende Kritik von einer eher destruktiven Form unterscheiden, die eine Schwächung des anderen bezweckt. Die konstruktive Kritik ist ein förderndes Prinzip. Sie ist, in der Ehe angewandt, geeignet, der Entfaltung und dem Wachstum der Partnerschaft zu dienen. Der konstruktive Kritiker gibt dem anderen Fingerzeige, seine Einstellung und sein Verhalten zu ändern, so zu ändern, daß es seiner Lebendigkeit und damit der ehelichen Beziehung zugute kommt.

Die destruktive Kritik ist anders motiviert. Es geht dem destruktiven Kritiker nicht so sehr darum, den anderen zu ändern, sondern ihn verletzend zu treffen, ihn herabzusetzen, ihn zu kränken oder zu demütigen. Er überlegt nicht und ist nicht darum besorgt: Wie sage ich es dem anderen schonend und mit Behutsamkeit, was mir an ihm nicht gefällt. Welchen Zeitpunkt und welche Form wähle ich, um zu bewirken, daß er sich die Kritik zu Herzen nimmt und sich zur Änderung bereitfindet.

Es wird einleuchten, daß konstruktive Kritik eine Äußerungsform der rationalen Autorität ist, indes die destruktive Kritik zu den Bekundungen der irrationalen Autorität gehört. Selbstverständlich sind diese und jene Kritik in ihrer reinen Form äußerst selten. In der lebendigen Realität verbinden sich beide in den allerverschiedensten Mischungsverhältnissen.

Auch wenn ein Mensch sich mit bestem Willen um eine mehr konstruktive Kritik in der Ehe bemüht, so wird es ihm doch immer wieder einmal passieren, daß ein Ärger über den Partner aufwallt und überkocht, daß heftige Vorwürfe — ohne Rücksicht auf die fördernde Wirkung der Kritik — ihm einfach entfahren und herausplatzen. Der Mensch ist kein Wesen, das überall und jederzeit, von der Richtschnur der Vernunft geleitet, seinen gut überlegten und wohlbegründeten Vorsätzen in idealer Weise folgen könnte.

Doch wie auch immer konstruktive und destruktive Kritik sich mischen, auf jeden Fall gehören Kritik und Opposition zu einer ernsthaftliebevollen Einstellung dazu. Sie sind geradezu der Sauerteig, um eine eheliche Beziehung zu beleben und in Bewegung zu halten. Man stelle sich nur einmal vor, wie es in einer Ehe aussehen muß, wenn einer der Partner nie kritisiert, nie opponiert, nie anderer Meinung ist. Soviel von der Kritik in der Ehe!

Nun zu einem anderen Problem, das nach unserer Erfahrung im gegenseitigen Erleben von Ehepartnern aber auch in deren Selbsterleben — man kann das eine nicht vom anderen trennen — eine wichtige Rolle spielt. Es ist das Problem der Vollkommenheitserwartung oder des Vollkommenheitsanspruchs, der an den anderen und an sich selbst gerichtet wird. Man mißverstehe uns nicht! Wir denken hierbei nicht an das gesunde Streben nach Vervollkommnung im Sinne einer fortgesetzten Entfaltung der eigenen Kräfte und Fähigkeiten und ihrer Zusammenfassung in der Gesamtpersönlichkeit. Wir denken vielmehr an die Wunschvorstellung des schlechthin vollkommenen Menschen als unabdingbare Rechtfertigung der menschlichen Existenz überhaupt, an das illusionäre Wunschbild eines Übermenschen.

Es lassen sich zwei Arten von Unmenschentum unterscheiden, die des Unter-Menschen und die des Über-Menschen. Im gängigen Denken wird mit der Vorstellung des Unmenschen im allgemeinen nur das Untermenschliche verknüpft, das Untermenschliche, worin das Menschliche zum Tierischen herabgesunken ist, worin der Mensch sich ohne Reflexion, ohne Steuerung der Vernunft, bedenken- und hemmungslos seinen animalischen Antrieben, Bedürfnissen und Impulsen überläßt. Aber unmenschlich ist auch das andere: von sich oder vom Partner unabdingbar Übermenschliches zu erwarten oder gar zu verlangen.

Der im 17. Jahrhundert um eine moderne christliche Anthropologie bemühte französische Denker Blaise Pascal sah die Eigentümlichkeit des Menschen darin, daß sein Ort die Mitte ist zwischen Tier und Engel. „Der Mensch ist weder Tier noch Engel, und das Unglück will, daß, wer einen Engel aus ihm machen will, ein Tier (eine Bestie) aus ihm macht".*

Der Wille, aus dem Menschen einen Übermenschen, einen Engel zu machen, ist im Bereich unserer Kultur nicht eben selten. Er findet sich jedenfalls viel häufiger als die gegenläufige Tendenz, ihn ins Animalische, ins Reinkreatürliche hinabsinken zu lassen. Das Unglückselige solchen Bemühens, so wie Pascal es im 17. Jahrhundert feststellte, kann aus den Erfahrungen der Tiefenpsychologie unseres Jahrhunderts nur voll bestätigt werden. Jene Elemente menschlichen Erlebens, die Pascal als „Tier" und „Engel" verbildlicht, sind ein Gegensatzpaar, das unabdingbar zusammengehört.

Wer in Nichtachtung der Erhaltung und Entfaltung seiner selbst sich nur für andere aufzuopfern und aufzugeben bemüht ist, weckt und nährt in sich mit Sicherheit mörderische Aggressionen, die unter der Oberfläche des Erlebens ungesteuert gleichsam lauern. Wer sich andererseits nur einem bedenkenlosen und hemmungslosen Egoismus ohne jede Rücksicht auf andere überläßt, bringt bei sich unweigerlich ungeheure Hingabegefühle und eine amorphe Sehnsucht nach Ver-

---

* B. Pascal: „Pensées de M. Pascal sur la religion et sur quelques autres sujets," Fragment 358

bundenheit in Bewegung, die ihn an irgendeiner „Durchbruchstelle" überfluten — als übertriebene sentimentale Tierliebe zum Beispiel oder auch als verstiegene Natur- oder Kunstschwärmerei.

Der Schrei nach dem starken Engel, das Verlangen nach übermenschlicher Vollkommenheit, an sich selbst und an den anderen gerichtet, ist auch im ehelichen Zusammenleben oft ein bestimmendes Element. Im Sinne solcher Forderungen überbürden Ehepartner sich selbst und den anderen häufig in einer erdrückenden Weise. So gibt es Ehefrauen, die fordern von ihren Männern nichts minderes als daß sie immer, aber auch immer stark, überlegen und auf der Höhe allen Wissens und Könnens sind -- sowohl in der Familie als auch im Beruf. Freilich sind solche Forderungen oftmals nicht bewußt-absichtlicher Art. Sie würden vielleicht sogar bestritten, wenn man darauf hinwiese. Sie tönen und durchtränken vielmehr in einer diffusen Weise die Gesamteinstellung zum Partner. Wenn der Mann sich einmal schwach zeigt, wenn er initiativelos und ohne Schwung, wenn er niedergeschlagen und apathisch ist, dann sind solche Frauen tief enttäuscht und fühlen sich sozusagen betrogen. Ärgerlich-gereizte Bemerkungen sind die Folge wie: Nun reiß dich mal zusammen. Du bist doch ein Mann. — Wie du dich gehen läßt, das verstehe ich einfach nicht. — Du benimmst dich wie ein alter Opa. Denk mal an den Adenauer.

Andererseits gibt es Männer, die von ihren Frauen erwarten, daß sie jederzeit schön und bezaubernd sind — in der äußeren Erscheinung und in der inneren Verfassung, daß sie ständig in anmutiger Weise Gesicht und Haltung wahren und möglichst alle Männer beeindrucken, mit denen sie etwa in Kontakt kommen. Wirkt die Frau einmal abgearbeitet und müde, ist sie blaß und unscheinbar, hat sie bei einer Geselligkeit einmal nicht die Rolle der maîtresse de plaisir gespielt, so daß es nicht allenthalben hieß: Was haben Sie nur für eine bezaubernde Frau — dann ist ein solcher Ehemann enttäuscht und gekränkt und empfindet das „Versagen" der Partnerin als gegen sich gerichtete persönliche Bosheit.

In all diesen Fällen fühlt sich ein Partner berechtigt, vom anderen in einem oder auch in mehreren Lebensbereichen Vollkommenheit, eine Art Engelhaftigkeit, halbgöttliche oder gar ans Göttliche grenzende Fähigkeiten zu verlangen. Er fordert die makellose Verkörperung eines Idealbildes, das er sich vom anderen Geschlecht geformt hat. Dieses Idealbild verdankt — beiläufig gesagt — seine Entstehung immer einer ungelösten bzw. unverarbeiteten Vater- oder Mutterbeziehung. Die Ehefrau soll der vergötterten Mutter gleichen oder besser einem Mutterbild, aus dem alle negativen Züge der realen Mutter sorgsam herausretuschiert wurden. Der Ehemann wird so gewünscht wie, oh, mein Papa, der ein wunderbarer Mann ist, nachdem man dem realen Vater sozusagen den Schatten gekappt hat.

Der Ehepartner wird in einer durch solche Erwartungen bestimmten Beziehung nicht real gesehen, sondern durch den Raster eines Idealbildes in der verschiedensten Weise aufgelöst. Man liebt nicht den realen Menschen in der Mitte zwischen Tier und Engel, sondern ein übermenschliches und damit unmenschliches Idealbild, das man auf den anderen projiziert und das deutlich die Züge kindlich gebliebenen Wünschens trägt.

Man liebt den Partner in dem Maße, als er den eigenen irrealen Erwartungen und Idealen entspricht, liebt in ihm also Erzeugnisse der eigenen Phantasie. Man sieht und liebt in ihm nicht den anderen Menschen. Wie der Narziß der Sage, dessen Sinne für die Nymphe Echo verschlossen blieben, sieht man in ihm nur die Spiegelung des eigenen überwertigen Idealbildes.

Diese an den Partner gerichteten Erwartungen und Ansprüche haben — das darf nicht übersehen werden — ihre Entsprechung und ihr Gegenstück in den Erwartungen, die der Betreffende an sich selbst richtet. Wie außen so innen, lautet ein spätantikischer, im Corpus Hermeticum niedergelegter Satz. Eine ähnliche Anspielung auf solche Entsprechungen findet sich in einem späten Goethegedicht:

> Nichts ist drinnen, nichts ist draußen:
> Denn was innen, das ist außen.*

So erwartet ein Ehemann von seiner Frau ein durch Witz und Charme gekennzeichnetes Auftreten, wie er es im Grunde auch sich selbst abverlangt, ohne es freilich verwirklichen zu können. Eine Ehefrau verlangt von ihrem Mann eine sich immer und überall bewährende Stärke und Souveränität, die sie in eben dem Maße auch von sich selbst fordert, ohne allerdings dieser Forderung nur annähernd genügen zu können.

Wie außen so innen! Unterschiedlich ist nur der Grad, in dem die nach außen und die nach innen gerichteten Erwartungen ihrem Träger bewußt werden. In den meisten Fällen sind es die an den anderen gerichteten Erwartungen, welche das Bewußtsein erfüllen und das vordergründige Erleben beherrschen. Gelegentlich sind es aber auch die an sich selbst geknüpften Ansprüche, die das bewußte Erleben bestimmen, indes die nach außen gerichteten nur eine gleichsam schattenhafte Existenz führen.

---

* J. W. v. Goethe: aus „Epirrhema"

Vielleicht noch ein Wort darüber, was hier unter „bewußt" zu verstehen ist: Sich solcher Erwartungen bewußt sein, kann zunächst nur bedeuten, daß man sie als solche erlebt, daß man ihrer gewahr wird. Es muß noch nicht einschließen, daß man ins Auge fassen kann, welchen Umfang und welche Bedeutung sie haben, in welcher Weise sie zum Beispiel das eigene Verhalten motivisch bestimmen. Es kann vielmehr so sein, daß man seine illusionären Erwartungen als völlig normal und berechtigt empfindet.

Oft werden solche Vollkommenheitserwartungen ihrem Träger dann „bewußt", wenn der Partner sie besonders augenfällig nicht erfüllt, wenn er ganz offenkundig nicht so vollkommen ist, wie man ihn sich vorgestellt hat und ihn sich wünscht, wenn man also enttäuscht ist. Zu einer Einsicht in das Illusionäre dieser Erwartungen gelangt man jedoch erst, wenn man den Schritt wagt, sie kritisch in Frage zu stellen.

Diese immer sowohl an den anderen wie auch an sich selbst gerichteten Erwartungen sind entwicklungsbedingt. Ihr Träger ist einer der sogenannten magischen Phasen der frühen Kindheit verhaftet geblieben — Phasen, in denen das Kind sowohl bei Vater und Mutter wie auch bei sich selbst Allmacht schlechthin erlebte.

Die an den Partner und an sich selbst gerichteten Vollkommenheitserwartungen und Omnipotenzansprüche werden in ihrer praktischen Bedeutung häufig unterschätzt. Ein Großteil der ehelichen Schwierigkeiten überhaupt, ganz besonders aber im Bereich der Einordnung und Selbstdurchsetzung, sind darauf zurückzuführen, daß Idealpartner und Realpartner nicht übereinstimmen, sondern in enttäuschender Weise voneinander abweichen. Man liebt nicht den realen Partner aus Fleisch und Blut in all seiner Beschränkung, sondern man liebt ein aus irrealen Erwartungen gezeugtes Idealbild.

Die an sich selbst gestellten Forderungen führen zu nicht geringerer Enttäuschung und Verzweiflung als die dem Partner präsentierten Ansprüche. Dafür ein Beispiel.

Einer Ehefrau fiel es allmählich selbst auf, daß sie gern und häufig ihren Mann in nörgelnder Weise kritisierte. Schon mehrfach hatte es deswegen leichte, aber auch schwerere Mißstimmungen zwischen den beiden gegeben. Die Frau sah ein, daß es so nicht weitergehen konnte; und eines Tages war es so weit, daß sie beschloß, ihre nörgelnde Krittelei ein für allemal aufzugeben. Sie nahm sich fest vor, hinfort wirklich nicht mehr in dieser verletzenden Form zu kritisieren, sondern ihn allenfalls behutsam und liebevoll-schonend anzusprechen, wenn ihr dieses oder jenes an ihm nicht gefiele.

26

Tatsächlich gelang es ihr drei Tage lang, ihrem Vorsatz entsprechend die leidige Gewohnheit abzustellen. Doch bereits am vierten Tage merkte sie — nachträglich und mit Entsetzen —, daß sie wieder mehrfach an ihrem Mann herumgenörgelt hatte. Zu ihrem Entsetzen! Tatsächlich, sie war erschrocken darüber, daß sie einem so festen Vorsatz zum Trotz hatte rückfällig werden können. Sie meinte, ihrem Vorsatz habe es an Entschiedenheit gemangelt. Sie habe es sich noch nicht fest genug vorgenommen, sich zu bessern. Das solle in Zukunft anders werden. Sie beschloß, noch mehr auf das eigene Verhalten zu achten und ihren Mann nun überhaupt nicht mehr zu kritisieren — weder im Bösen noch im Guten.

Diesmal entfuhr ihr bereits am zweiten Tag nach dem erneuerten und verstärkten Vorsatz eine ganz besonders scharfe Kritik. Die Frau erschrak noch heftiger und beschimpfte sich, indem sie sich willensschwach und inkonsequent nannte. Sie kam zu dem resignierten Schluß, daß sie eben nichts tauge und daß es für sie gar keinen Zweck habe, sich Änderung und Besserung zu geloben und vorzunehmen: Sie schaffe es ja doch nicht.

Der Weg zur Hölle ist mit guten Vorsätzen gepflastert, sagt das Sprichwort. Es trifft tatsächlich zu, weil viele sogenannte gute Vorsätze bei näherer Betrachtung keinesfalls gut zu heißen sind. Prüfen wir einmal die Güte der Absicht im eben geschilderten Fall: Die Ehefrau will ihren Mann hinfort nur noch liebevoll ansprechen und eine allenfalls fällige Kritik in Freundlichkeit einhüllen, nachdem sie ihn seit Jahren vorwiegend benörgelt und bekrittelt hat. Sie nimmt sich vor, von heute auf morgen einen Charakterzug aufzugeben. Welch ein Anspruch an sich selbst! Wie in aller Welt soll ein solcher Vorsatz verwirklicht werden können?!

Eine bloße modische Gewohnheit — etwa die Gabel auf europäische Art mit der linken Hand zum Munde zu führen, anstatt nach amerikanischer Manier das Vorgeschnittene mit der Rechten zu speisen — läßt sich, wenn man will, in einigen Tagen ändern. Eine solche Gewohnheit ist nicht im Charakter ihres Trägers verankert, sondern ist ein Accessoire der landläufigen Sitte. Eine nörglerisch-kritische Haltung dagegen oder andere Neigungen und Dauereinstellungen wie etwa Zynismus, Arroganz, Aufschneiderei oder auch sogenannte „schlechte Gewohnheiten" wie Nägelknabbern, wie ein Tic oder wie eine überstürzt-hastige Sprechweise sind keine äußere Zutat, sondern hängen aufs Engste mit dem Charakter des Betreffenden zusammen, ja sind geradezu dessen Bestandteil.

Eine solche dem Charakter innewohnende Gewohnheit durch bloßen Vorsatz aufzugeben oder sie innerhalb von Tagen abzuändern, ist schlechterdings unmöglich. Man wird Wochen und Monate — das ist das mindeste — dafür ansetzen müssen. Denn es handelt sich ja nicht darum, der Tagesmode entsprechend die Rocklänge zu kürzen oder die Abnäher eines Kleides aufzutrennen, um die Taille hinfort locker zu tragen anstatt gegürtet, sondern es handelt sich um eine Umstellung im Erleben und Verhalten, um eine Änderung des Charakters, um eine Wandlung der Persönlichkeit.

Die Ehefrau im zuvor geschilderten Beispiel hatte sich jedoch nicht nur in bezug auf die zeitliche Verwirklichung ihres Vorsatzes Undurchführbares vorgenommen und zugemutet. Sie hatte sich die Aufhebung ihrer Nörgelsucht auch dadurch unmöglich gemacht, daß sie sich keine Ansatzpunkte für eine Änderung schuf. Sie hatte nicht eine Minute darüber nachgedacht, wo ihre Nörgelei denn herrühre, warum es jeweils dazu komme und welchem Zweck sie diene. Sie ist in ihrem Bemühen von vornherein zum Scheitern verurteilt, weil sie nicht nach den Ursachen ihrer Störung forscht. Sie will etwas ändern durch einen bloßen Willensakt, ohne zu wissen, wo und wie der Hebel anzusetzen sei.

Anstatt sich nun wenigstens n a c h dem Fiasko zu fragen, wieso sie es vielleicht falsch angefangen habe, verstärkt sie blindlings ihren Vorsatz noch. Sie fragt nicht: Habe ich etwa zuviel oder gar Unmögliches von mir verlangt? In welcher Weise habe ich versäumt, die für eine erfolgreiche Bemühung notwendigen Voraussetzungen zu klären und zu schaffen? Sie versteift sich vielmehr noch mehr auf die „Allmacht ihres Willens"; denn es kann doch nur Allmachtsglaube sein zu meinen, man könne eine charakterliche Eigenheit durch einen bloßen Willensentschluß auflösen.

Sie bemüht sich also nach dem ersten Scheitern, noch selbst-beherrschter zu sein, d. h. sich selbst noch mehr zu beherrschen, nachdem sie zuvor versucht hatte, durch Dauerkrittelei ihren Mann zu beherrschen. Sie hat nur das Objekt ihrer Beherrschungstendenzen gewechselt, an diesen Tendenzen selbst jedoch nichts geändert. Wenn sie zuvor ihren Partner unnachgiebig in das Modell eines makellosen Ideals hineinzupressen versuchte, so strebt sie jetzt an, sich selbst einer Idealvorstellung mit Gewalt anzugleichen. Sie bezahlt diesen „guten" Vorsatz mit noch geschwinderem Versagen. Ein Versagen auch dadurch bewirkt, daß sich jeder Mensch im Grunde zum Protest aufgestachelt fühlt, daß er rebelliert und opponiert, wenn er Unmögliches vollbringen soll.

In Reaktion auf ihr Scheitern klagt die Ehefrau sich selbst an, heftiger noch als zuvor. Sie wird von Selbsthaß und Selbstverachtung förmlich überwältigt. Auf diesen Selbsthaß folgt Resignation. Die Ehefrau kapituliert vor der nicht zu bewältigenden Aufgabe, ihre hochgesteckten Ziele zu verwirklichen, und verzichtet gleichzeitig auf die Erreichung des Möglichen. So bleibt alles beim alten. Der Weg zur Hölle ist mit guten Vorsätzen gepflastert. „Denn das Gute, das ich will, das tue ich nicht, sondern das Böse, das ich nicht will, das tue ich."*

Schematisch dargestellt läuft in solchen Fällen also folgender typischer Mechanismus ab:

Am Anfang steht der gute Vorsatz, ein eigenes Verhalten zu ändern oder abzustellen, wobei diese Änderung im Sinne riesiger illusionärer Erwartungen vollzogen werden soll — illusionär in bezug auf die Zeit, die man sich dafür einräumt, illusionär vor allem auch in dem Sinne, daß man die nötigen Voraussetzungen für einen erfolgreichen Schritt weder klärt noch schafft. Auf die erste Nichterfüllung des Vorsatzes folgt Enttäuschung, die zu einer Verfestigung des Vorsatzes und zur weiteren Erhöhung der an sich selbst gestellten Ansprüche führt. Den noch mehr überhöhten Ansprüchen folgt ein erneutes Scheitern auf dem Fuß, das nunmehr heftigen Selbsthaß im Sinne von Selbstanklagen, Selbstherabsetzung und Selbstverkleinerung auslöst. Um diesem Selbsthaß zu entgehen, um sich vor ihm zu schützen, wird sodann „instinktiv" der ursprüngliche Vorsatz resigniert aufgegeben, und es bleibt alles wie zuvor. Es empfiehlt sich daher, beim Scheitern eigener guter Vorsätze zu fragen und genau im eigenen Erleben zu forschen: Womit habe ich mich unerfüllbaren, übermenschlichen und unsinnigen Ansprüchen ausgeliefert?

Diese falschen guten Vorsätze sind einer der häufigsten Gründe dafür, daß sich in vielen Ehen auch bei bestem Willen nichts ändert. Wer Unmögliches, wer Übermenschliches von sich verlangt, bringt überhaupt nichts zustande — auch das Menschen-mögliche nicht. Wer glaubt, einen Zug seines Charakters in kurzer Frist, ohne Vorbereitung und ohne Klärung der darin verborgenen Motive ablegen oder ändern zu können, wird diesem Charakterzug ganz sicher verhaftet bleiben.

Im zuvor genannten Beispiel könnte sich eine Umstellung und Wandlung in kleinen Schritten etwa folgendermassen vollziehen: Zunächst hätte unsere Ehefrau zu ergründen, warum es sie ständig treibt, an ihrem Mann herumzunörgeln. Sie würde bei dieser Selbsterforschung auf ihre Vollkommenheitserwartungen dem Ehemann gegenüber stoßen und ihre Enttäuschungen darüber spüren, daß er ihrem Idealbild vom Mann nicht entspricht. Als weiteres Motiv ihrer Krittelsucht würde sie ihre auf den Mann gerichteten Beherrschungstendenzen entdecken und erleben. Sie

---

* Brief des Paulus an die Römer 7, 19

müßte sich fragen, warum sie sich ihm gegenüber nur sicher fühlt, wenn sie ihn beherrscht.

Sie würde sodann ihre Idealerwartungen herabsetzen müssen und dabei merken, daß sie vom Partner im stellvertretenden Vollzug Fähigkeiten erwartet, die sie bei sich selbst nicht ausgebildet hat. So käme sie dahin, ihre eigenen brachliegenden Möglichkeiten und Kräfte zu entdecken, die bislang ihr Mann für sie verwirklichen sollte. Sie würde ferner erkennen, daß sie die Entwicklung dieser Fähigkeiten im Sinne der Selbstentfaltung u. a. deswegen scheute, weil sie dabei selbst unter die Tyrannei von Vollkommenheitsidealen geraten wäre: So stark, so fähig, tüchtig und erfolgreich, wie ich es von mir verlange, kann ich ja doch nicht sein. Um mir die Kränkung des Scheiterns an meinen Idealen zu ersparen, verzichte ich in diesem Bereich lieber auf eigene Entfaltung.

Sie müßte ferner versuchen, die F o r m ihrer Kritik allmählich zu ändern. Die durch Dauerenttäuschung irrealer Erwartungen genährte Dauernörgelei kann dadurch entfallen, daß diese Erwartungen abgebaut werden. Doch ist man damit noch nicht gleich fähig, in konstruktiver Weise Kritik zu üben.

„Eine Reise von 1000 Meilen beginnt mit dem ersten Schritt"*. Aber es ist keine Reise, bei der man kontinuierlich vorwärts schreitet, sondern sie wird eher durch den Rhythmus der Echternacher Springprozession bestimmt: zwei Schritte vor — ein Schritt zurück oder vier Schritte vor — zwei Schritte zurück oder drei Schritte vor — ein Schritt zurück. Diese Schrittfolge spiegelt, was sich im Kern jedes Lern- oder Umlernprozesses abspielt: Trial and error, wie die angelsächsischen Vertreter der Lernpsychologie sagen, Versuch und Irrtum, Erfolg und Scheitern bestimmen den Gang jedes Lernens.

Man denke zum Beispiel an ein kleines Kind, das den Drang verspürt, laufen zu lernen. Immer wieder fällt es hin, wenn es versucht, allein zu stehen oder ein paar Schritte zu gehen. Immer wieder krabbelt es hoch, richtet sich auf und versucht die schwierige Prozedur aufs Neue. Wie mühsam das ist! Aber ein Kind läßt sich's im allgemeinen nicht verdrießen, wie es auch kaum von sich erwartet, sogleich twisten zu können wie die große Schwester. Es will sich im Gebrauch seiner Gliedmassen üben und ist durch noch so viele Rückfälle, durch noch so häufiges Scheitern nicht zu entmutigen. Es probiert und probiert und kann eines Tages auf sicheren Füßen stehen, gehen, laufen, hüpfen, springen, tanzen ...

---

* Laotse, aus dem 64. Spruch des "Tao Te King" in der Übersetzung von Richard Wilhelm, Eugen Diederichs Verlag

In einem solchen Wechsel von Mißerfolg und erneutem Versuch, der zu einem allmählich zunehmenden Erfolg führt, vollzieht sich auch das Lernen beim erwachsenen Menschen — ganz gleich ob es sich dabei um die Entwicklung von intellektuellen oder manuellen Fähigkeiten handelt, oder auch um das Einüben neuer charakterlicher Einstellungen und neuer Verhaltensweisen, also um die Wandlung der Persönlichkeit. Erste Voraussetzung für solche Wandlung ist: Man hat Einsicht gewonnen in das Verkehrte, in das Irrationale der bisherigen Einstellungen und Verhaltensweisen; man hat sich davon überzeugt, daß sie unvernünftig und dem eigenen Lebensalter nicht angemessen sind; man ist aus Einsicht und Überzeugung zu dem Entschluß gekommen, die alte Erlebensweise zu ändern und sie durch eine neue, vernunftgesteuerte, altersadäquate zu ersetzen.

Herrschsucht, übergefügige Anpaßung, destruktive Kritik und irreale Vollkommenheitserwartungen sind einige der entscheidenden Behinderungen im Zusammenleben von Mann und Frau, insbesondere in dem großen Lebensbereich, in dem es um Selbstbehauptung und Einordnung geht. Sie verhindern das Miteinander und lassen das Gegeneinander oft zum Dauerzustand werden.

II. DAS GELTUNGSSTREBEN DES MENSCHEN

1. Übersicht über das Geltungserleben
(Problem der Einordnung und Selbstbehauptung)

Das Bedürfnis nach Ansehen und Geltung:

> Handelnd an die Welt herangehen (ad-gredi), mit Menschen und Dingen umgehen, auftreten, sich behaupten, sich durchsetzen, gelten wollen, sich ausbreiten, sich Spielraum und Betätigungsfeld verschaffen, konstruktiv sein, nach Freiheit drängen, seine Meinung vertreten, seinen Standpunkt behaupten, kritisieren, sich seinen Platz in der Gemeinschaft suchen, sich einordnen.

Extremformen:

> Geltungssucht, Herrschsucht — Trägheit, Übergefügigkeit, Unterwürfigkeit.

Positive Formen:

> Eigenwilligkeit, Stolz, Würde, Freiheitsbewußtsein, Einordnungsfähigkeit.

2. Entfaltung, Ausfächerung und Behinderungen des Geltungserlebens

Im folgenden wird vom Geltungsstreben des Menschen und von der Entwicklung und Entfaltung dieses Bedürfnisses die Rede sein. Es ist für das Verständnis dieser Seite des menschlichen Erlebens nützlich, sich von vornherein klarzumachen: Es handelt sich beim Geltungsstreben um die im sozialen Rahmen sich vollziehende Ausprägung eines Bedürfnisses, das als solches archaische Wurzeln hat und aus der sozialen Bezugsebene des menschlichen Erlebens hinabreicht in ursprünglichere, urtümlichere Schichten.

Man könnte das im Geltungsstreben sich ausformende Elementarerleben auch als aggressives Bedürfnis des Menschen — und des Tieres — bezeichnen, vorausgesetzt, daß man bei „aggressiv" nicht nur in einem eingeengten Sinn an ein angreiferisch-kämpferisches Verhalten denkt, sondern an die weitläufigere Urbedeutung dieses lateinischen Wortes: Danach bedeutet ad-gredi heran-treten, heran-gehen — herangehen an alle Objekte der den Menschen umgebenden Welt, an die anderen Menschen, an die anderen Lebewesen, an die unbelebten Gegenstände und Dinge.

Unter einem weiteren Gesichtswinkel könnte man dieses Erleben auch als motorisches oder Bewegungsbedürfnis erfassen. Die Selbstbeweglichkeit ist eines der Grundmerkmale des Lebendigen überhaupt. In bestimmten Zusammenhängen wird die Wendung: Er bewegt sich — gleichbedeutend gesetzt mit: er lebt. Jakob Burckhardt* sagt in Bezug auf die Weltgeschichte: „Nur in der Bewegung, so schmerzlich sie sei, ist Leben."

Das Streben nach Geltung ist eine Fortentwicklung des viel ursprünglicheren aggressiven oder motorischen Bedürfnisses. Die Eigentümlichkeit des aggressiven Antriebes mag ein kurzer Vergleich des pflanzlichen und des tierischen Lebens näher beleuchten: Es gibt unter den einfachsten Pflanzen, den Algen und Pilzen, solche, die phasenweise über zweierlei Daseinsformen verfügen. In der einen Phase sind sie pflanzenhaft ansässig und standortgebunden. In der anderen Phase lösen sie sich aus der pflanzlichen Verhaftung und bewegen sich ungebunden mit Hilfe besonderer Bewegungsorgane in ihrem Lebensraum. So zum Beispiel die Schlauchalge oder Vaucheria, aus deren Fadenende eine grüne Kugel schlüpft, zahllose feinste Härchen herausstreckt und als Schwärm-spore mit ihnen davonschwimmt wie ein Infusorium, ein leibhaftiges Tier. — „Aber das Tier wird wieder zur Pflanze, nachdem es sich genug geschwärmt und sich im Wasser überkugelt hat; es setzt sich fest, zieht die Haare ein und wächst langsam, ganz langsam wie eine Pflanze."**

Wegen dieser Zwitternatur, wonach sie einmal in ihrer Beweglichkeit pflanzenhaft gebunden, in einer anderen Phase mit Hilfe spezifischer Bewegungsorgane über eine tierhafte, freiere Selbstbeweglichkeit verfügen, werden sie teils den Pflanzen zugeordnet, teils den Tieren zugezählt. Auch bei Lebewesen, die primär den Tieren zugerechnet werden, gibt es solch phasenweisen Wechsel der Beweglichkeit. „Die Seelilien (Krinoiden), Verwandte der Seesterne und Seeigel, sind als Erwachsene mit einem Stiel am Boden befestigt. Die Federstern-Krinoide mit dem Namen Antedon hat dagegen als Erwachsene keinen Stiel und ist frei beweglich; sie durchläuft jedoch eine gestielte Jugendphase."***

---

* J. Burckhardt: „Weltgeschichtliche Betrachtungen", Scherpe-Verlag, Krefeld 1948, 6. Kap. S. 275
** R. H. Francé: „Lebenswunder der Pflanzenwelt", Im Deutschen Verlag, Berlin 1941, S. 26
*** J. Huxley: „Entfaltung des Lebens", Fischer-Bücherei, S. 20

Bei solchen Entwicklungen wird also aus einem festsitzenden, an seine Unterlage gefesselten Organismus ein freibewegliches Lebewesen, das über einen weit größeren Bewegungs- und Spielraum verfügt und somit einen Zuwachs an Freiheit gewonnen hat. Auf diese Weise hat sich eine entscheidende Wandlung vollzogen: Das betreffende Wesen ist tatsächlich ins „Wandeln" gekommen, ist zu größerer Beweglichkeit gelangt. Diese Wandlung, die auf der einen Seite ein Mehr an Freiheit, ein weiteres Betätigungsfeld, einen größeren Wirkungsraum bedeutet, bringt andererseits aber auch vermehrte Gefahren mit sich. Ein Lebewesen, das durch gesteigerte Beweglichkeit seine Einflußsphäre entsprechend vergrößert, riskiert in dem gleichen Maße, mit anderen ebenso bewegungslustigen Lebewesen zusammenzustoßen, so daß es zu wechselseitiger Behinderung und Störung der Einflußsphären kommen kann.

Damit ist die dem aggressiven oder motorischen Bedürfnis zugängliche Chance und die ihm anhaftende Gefahr bereits charakterisiert. Die Fähigkeit des ad-gredi macht es dem Menschen einerseits möglich, sich der Welt zu nähern und sie durch Einwirkung seiner Motorik zu verändern. Er braucht sich nicht darauf zu beschränken, sich in einem autoplastischen Verhalten, wie es den Pflanzen vorwiegend eigentümlich ist, den Weltgegebenheiten anzupassen. Er kann sich vielmehr auch alloplastisch verhalten, das heißt eine Anpassung zwischen sich und der Umwelt dadurch bewirken, daß er die Umwelt verändert und diese somit sich anpaßt. Er ist dazu in einem weit größeren Ausmaß fähig als das Tier. Andererseits gerät der Mensch durch sein Aggressiv-Sein in Konflikt mit den anderen ebenfalls aggressiven Menschen.

Ohne die aggressiven Bedürfnisse und Fähigkeiten des Menschen gäbe es keine Kultur. Wenn man Kultur definiert als „das durch den Menschen Bearbeitete und Hervorgebrachte"* so ist damit implizit gesagt, daß Kultur geschaffen wird durch die konstruktive Betätigung der Hand, durch Hand-lung, die ja ein aggressiver Vollzug ist. Das Wort handeln ist zurückzuführen auf die althochdeutsche Bildung hantalōn i. e. mit Händen fassen, bearbeiten. Selbstverständlich ist das aggressive Bedürfnis des Menschen nicht die einzige Wurzel der Kultur.

Andererseits bestünde ohne die aggressiven Tendenzen auch nicht die Gefahr der Kulturzerstörung, der Zerstörung überhaupt, die eben dadurch zustande kommt, daß ad-gressive Impulse entarten zu zerstörerischer Aggression.

---

* E. Metzke: „Handlexikon der Philosophie", F. H. Kerle Verlag, Heidelberg 1948, S. 172

Wir sagten zuvor: Das menschliche Geltungsstreben ist als eine soziale Ausdifferenzierung den urtümlicheren aggressiven Bedürfnissen zuzuordnen. Wie ist das zu verstehen? Der Mensch hat nicht nur das drängende vitale Bedürfnis, an Menschen und Dinge heranzugehen, er hat nicht nur die Tendenz, sich in der Welt auszubreiten, seinen Bewegungsraum auszudehnen und seine Einflußsphäre zu vergrößern, sondern ebenso unabdingbar ist in ihm auch der Wunsch verwurzelt, in seiner ad-gressiven Entfaltung und Selbstverwirklichung von den Mitmenschen bestätigt, anerkannt und gewürdigt zu werden.

Ein Bergsteiger hat eine bisher für unbezwingbar gehaltene Wand zum erstenmal erklettert. Die meisten Menschen werden sich unmittelbar in ihren Wunsch einfühlen können, diese Eroberung den Zeitgenossen mitzuteilen, um von ihnen Anerkennung und Lob zu empfangen, Bewunderung und einen Zuwachs an Beachtung und Geltung. Wenn ein solcher Kletterer die Bezwingung eines Gipfels nur oder hauptsächlich in Angriff nimmt, weil er unbedingt in aller Munde sein möchte, dann darf man ihn geltungssüchtig nennen. Unterläßt oder verhindert er dagegen jede Bekanntgabe seiner gelungenen Erstbesteigung, dann darf man vermuten, daß er ein Sonderling ist, abgesondert von einem allen Menschen innewohnendem Erleben, dem Wunsch nach Geltung und Anerkennung.

Freilich kann in einem solchen Fall die Geltungstendenz des Abgesonderten gerade darin bestehen, daß er sich in stolzer Unnahbarkeit — dem von ihm bezwungenen Gipfelriesen gleich — über alle menschliche Anerkennung und Bestätigung erhaben fühlt. Doch das führt bereits in den Bereich des fehlgeleiteten Geltungsstrebens.

Ein anderes Beispiel: Ein dreijähriges Kind hat einen Stuhl umgeworfen und strahlt über den gelungenen Kraftakt. Es erlebt dabei voll Lust seine Herrschaft über die Dinge, seine motorische Fähigkeit, seine aggressive Expansion. Aber diese Lust wird erst zur Beglückung, wenn die anwesenden Eltern auf den fragenden Blick des Kindes hin bestätigend nicken oder gar sagen: „Donnerwetter, wie stark du schon bist!" Das Kind erlebt: Es kann Kraft entwickeln und betätigen und wird darin von den Eltern anerkannt; es gilt etwas bei den anderen. Die Lust an der eigenen motorischen Betätigung verbindet sich mit der Freude über die Anerkennung der Eltern. Bewegungsdrang und Geltungsstreben fließen ineinander über.

Diese enge Verknüpfung der Handlungsimpulse des Menschen und seines Wunsches nach Anerkennung und Bestätigung mag es erlauben, dem Gesamtbereich der zuvor erwähnten Antriebe und Bedürfnisse den

Begriff des Geltungsstrebens überzuordnen und ihn danach zu benennen. Doch wird man sich immer die urtümlicheren Anteile dieses Strebens — eben die aggressiven Impulse — gegenwärtig halten müssen, um die Irrungen und Wirrungen auf dem Schauplatz menschlichen Geltungsverlangens besser verstehen zu können.

Es kann nicht die Rede davon sein, daß ein Menschenkind bereits in seinem e r s t e n L e b e n s j a h r ein Streben nach Geltung erlebt. Wohl aber kann man die Ansätze für ein späteres erfülltes Geltungserleben bereits in der frühen Phase der „Menschwerdung" finden. Und auch später offenkundige Störungen in diesem Bereich treiben schon in dieser Zeit ihre ersten Wurzeln.*

Beim neugeborenen Kind ist zunächst nur ein ungezielter, ungeordneter Bewegungsdrang wirksam und lebendig. Das Kind lernt erst langsam, verglichen mit den meisten Tierjungen geradezu unendlich langsam, gerichtete zweckvolle Bewegungen auszuführen.

Der ziellose Bewegungsdrang des menschlichen Frühbeginns ist von großer Intensität. Außer den Zeiten des Schlafes und der damit verbundenen Muskelruhe bewegt sich der Säugling eigentlich ständig. Er strampelt, er zappelt, er bäumt sich auf und räkelt sich. Es ist leicht vorstellbar, was es bedeutet, einen solch unbändigen Bewegungsdrang stärkeren Einschränkungen zu unterwerfen. Gottlob ist die Unsitte, das Kind zu wickeln und seine motorischen Kräfte dadurch geradezu einzuschnüren und zu fesseln, heutzutage so gut wie verschwunden. Jede Maßnahme, die den Bewegungsdrang des Säuglings in stärkerem Maße einengt und drosselt, hemmt gleichzeitig den Schwung und Elan für spätere Tätigkeiten und künftige Handlungen.

Niemals wieder sind Eindrücke so prägend wie in dieser Frühzeit. Wirken sie doch auf ein Wesen von fast unbeschränkter Bildsamkeit und Plastizität. Das erklärt, warum aus solchen frühen Bewegungsbeschränkungen schwere Gehemmtheiten der Urlust an der eigenen Beweglichkeit, der motorischen Expansion entstehen können.

Etwa vom vierten Lebensmonat an übt und erlernt der Säugling allmählich aktive Greifbewegungen. Aus einem Überschuß an Bewegungslust und Betätigungsdrang entspringen und bilden sich bereits die ersten Spielbedürfnisse des Säuglings. Über ein begeistert geübtes Rutschen, Krabbeln und Kriechen, über diese noch vormenschlich anmutenden Formen der Beweglichkeit, dann über die ersten Stehversuche im achten

---

* Die nachfolgende entwicklungspsychologische Skizze folgt in vieler Hinsicht der Darstellung W. Schwidders in: „Alles über Dein Kind", Verlag Ernst und Werner Gieseking, Bielefeld.

und neunten Lebensmonat und schließlich über das erregende Abenteuer der ersten Gehübungen führt die Entwicklung hin zum aufrechten Gang. Dieses Ziel wird im allgemeinen mit 1¼ Jahren erreicht — das Ziel des aufrechten Ganges, der eine der wichtigsten spezifisch menschlichen Leistungen darstellt.

Die Schößlinge für spätere Störungen werden vor allem auf zweierlei Weise zum Treiben gebracht: Entweder sind die Eltern ungeduldig und überfordern das Kind in seiner Lebensleistung. Sie warten nicht geduldig ab, bis die eigenen Impulse des Kindes zum Sitzen, Gehen, Stehen sich regen und allmählich immer mehr zum Vollzug und zum „Training" drängen. Sie versuchen vielmehr, diese Impulse zu provozieren und ihre Entfaltung zu forcieren. Das Kind wird zu früh auf Selbst-ständigkeit dressiert. Eltern, die zu solcher Dressur neigen, sind zumeist Menschen, die auch sich selbst gegenüber hart sind und nicht bereit, sich Schwächen zuzugestehen — Menschen, denen Standhaft-sein alles bedeutet.

Noch verderblicher für die Entfaltung der motorischen Expansion eines Kindes wirkt sich jedoch das Verhalten einer Mutter aus, die auf die spontanen kindlichen Gehversuche buchstäblich mit Entsetzen reagiert. „Jetzt geht mir mein Kind verloren. Nun braucht es mich bald nicht mehr", so etwa erlebte es eine solche Mutter, als ihr Kind anfing, bei seinen Gehversuchen erstmalig von ihr wegzustreben. Sie gehörte zu den Müttern mit „fressender Liebe", mit einer Liebe, die auf Vereinnahmung des geliebten Wesens drängt und deswegen danach trachten muß, es in Abhängigkeit zu halten und seine Verselbständigung zu verhindern. Zwischen Mutter und Kind spielt sich dann ein Geschehen ab, das in einem weitverbreiteten Kinderlied einfachste poetische Gestalt gewonnen hat:

> Hänschen klein
> ging allein
> in die weite Welt hinein.
> Stock und Hut
> stehn ihm gut,
> Hänschen ist gar wohlgemut.
> Doch die Mutter weint so sehr,
> hat ja nun kein Hänschen mehr.
> Da besinnt
> sich das Kind,
> läuft nach Haus geschwind.

Die „fressende Liebe" stellt also die Bedingung, daß das Kind immer hilflos-abhängig bleibt, das heißt niemals erwachsen wird, daß es Vater und Mutter zu seiner Fürsorge und seinem Schutz in gleichbleibender Weise braucht. Solche Eltern behindern die gesunde Entwicklung ihres Kindes vom Nesthocker zum Nestflüchter erheblich. Das Kind der oben erwähnten entsetzt reagierenden Mutter zum Beispiel entwickelte — unter anderem aufgrund dieser Früherfahrung — in der Pubertät das Symptom einer ausgeprägten Platzangst: Es war nicht in der Lage, sich ohne die Mutter auch nur einen Schritt außerhalb des Hauses zu bewegen.

Mit der Fähigkeit zu gezielterem Greifen wächst auch die Spielfreude des Kindes. Es erlebt dabei nicht nur Freude an der zweckvollen Handlung, an dem durch eigene Tätigkeit erreichten Ziel und dem dadurch bewirkten Erfolg, sondern es erlebt auch Lust an der Tätigkeit als solcher, am eigenen Tätig-sein.

Es gibt Eltern, die durch Mimik, Gestik oder auch ausdrücklich mit den Mitteln der Sprache nur die zweckvolle Handlung des Kindes bestätigen und nicht auch die „zwecklose", an kein spezielles Ziel gebundene Betätigung und die Freude des Kindes am reinen Tätig-sein. Damit wird im ersten Ansatz eine Überwertigkeit von Leistung und Können gezüchtet, während die Freude an der absichtslosen Bewegung im Sinne des Spiels und der schöpferischen Phantasie gedämpft und getrübt wird und diese Fähigkeiten zunehmend verkümmern.

Am Ende des ersten Lebensjahres drängt auch schon das Bedürfnis ans Licht, gemeinsam zu spielen, dem anderen etwas zuzuspielen mit dem Wunsch, daß dieser zurückspielt. Ein Ball wird dem Partner zugerollt, ein Gegenstand wird der Mutter gegeben, damit diese ihn wieder zurückgibt. Dieses spielerische Hin und Her, dieses Miteinander wird mit Freude und Befriedigung erlebt. Werden diese Versuche zum gemeinsamen Tun, zum Zusammenspiel von den Eltern nicht ausreichend erkannt und daher auch nicht aufgegriffen und gefördert, dann kann sich der mitmenschliche Anteil des Bewegungsdrangs, das Bedürfnis mit anderen zusammenzuspielen, zu arbeiten, zu ko-operieren bereits in seinen ersten Ansätzen nicht genügend entfalten. Durch diesen Verzicht auf Gemeinsamkeit wird die oben skizzierte Überbewertung von reiner Leistung und bloßem Können noch verstärkt.

Für die Entfaltung der motorisch-aggressiven Impulse des Kindes ist das z w e i t e L e b e n s j a h r besonders entscheidend. Die Funktionen der Körperbeherrschung reifen mehr und mehr. Langsam wird dem Kind das freie Stehen möglich. Es lernt sicherer zu gehen, und es wird zu komplizierteren Handlungen fähig. Der starke Bewegungsdrang des ersten Lebensjahres wandelt sich im zweiten zu mehr gerichteten Betätigungen und Handlungen. Jedes Gelingen einer gerichteten und gezielten Bewegung löst Freude aus; es nährt und steigert die Unternehmungslust. Mit der Vervollkommnung der Bewegungen von Hand und Fuß, der Handlungsfähigkeit, hängt es zusammen, daß dieser Abschnitt, das zweite Lebensjahr, so ausschlaggebend für die Entwicklung der motorisch-aggressiven Impulse und ihrer Störungen ist.

Das Kind tritt zu dieser Zeit in eine Phase ein, die, von der Ordnung der Erwachsenen her gesehen, als „destruktiv" bezeichnet werden kann. Tatsächlich handelt es sich bei diesem „destruktiven" Entwicklungsabschnitt, der etwa mit fünf Vierteljahren seinen Anfang nimmt, um eine bestimmte Etappe der gesunden kindlichen Welteroberung. Das Kind erforscht voller Neugier seine unmittelbare Umwelt. Es geht an die Dinge heran und geht mit ihnen um. Es untersucht die Dinge, probiert sie aus und übt mit ihnen. Im Zuge dieser Erforschung der Dingwelt geht es naturgemäß bewegt und erregend zu. Das Kind untersucht die Gegenstände und kann nicht umhin, sie dabei zu zerlegen und auseinanderzunehmen. Es zieht sie heran und heraus; es wirft sie um; es zerreißt sie und schmeißt sie umher; es beschmutzt sie und weicht sie ein und auf. Es gibt sich mit großem Eifer und tiefer Befriedigung all diesen und den sonstigen Beschäftigungen hin, die im Umgang mit den Dingen möglich sind. Dieser Eifer macht bei den Dingen nicht halt, sondern bezieht auch die lebende Umwelt mit ein.

Bei dieser Erforschung und Eroberung der Umwelt werden die Dinge faktisch oft vom Kinde zerstört — zerstört nicht aus purer Lust an der Vernichtung, sondern aus Lust am Umgang mit den Gegenständen und aus Freude an der Erprobung eigener Kraft und Macht. Bei einem Kind — und noch dazu bei einem so kleinen — Verständnis vorauszusetzen für das, was einem Gegenstand materiell, funktionell oder ästhetisch an Wert innewohnt, ist doch wohl eine gewaltige Überforderung und Überschätzung kindlicher Möglichkeiten. Trotzdem gibt es leider Eltern und sonstige Erziehungspersonen, die dem Kind persönliche Bosheit und Bösartigkeit unterstellen, wenn es etwas kaputt gemacht hat. Natürlich ist niemand begeistert, wenn die schöne Vase aus schwarzem Porzellan — 36,50 DM hat sie gekostet — in ein paar Dutzend Scherben am Boden liegt. Vielleicht ist man zunächst auch ein bißchen irritiert, wenn der kleine Täter eine gewisse Genugtuung über den gelungenen Kraftakt ausstrahlt. Aus dieser Situation jedoch eine moralische Verdammung des Kindes abzuleiten — das geht doch wohl in jedem Fall zu weit.

Zugegeben — diese Phase der motorischen Entfaltung des Kindes ist für die Umgebung schwierig und manchmal nicht leicht zu ertragen. Stößt doch das Kind naturnotwendig oft über Monate hin immer wieder mit den Ordnungen und den Wertvorstellungen der Erwachsenen zusammen. Wissen die Eltern nichts von der Naturnotwendigkeit dieser Entwicklungsstufe, sehen sie darin nur verdammenswertes, willkürlich-zerstörerisches Tun, dann versagen sie dem Kinde natürlich Verständnis und Förderung. Sie geben ihm zum Beispiel keine Möglichkeiten zum Kaputtmachen und versäumen es vielleicht auch, wertvolle Gegenstände rechtzeitig aus dem Weg und der Greifweite des Kindes zu räumen, um es dann — ohne stärkere Beeinträchtigung des eigenen Seelenfriedens — gewähren lassen zu können. Angesichts einer verständnisarmen und ablehnenden Einstellung wird das Kind, um die ihm lebensnotwendige Zuwendung und Liebe der Eltern nicht zu verlieren, auf diese Form der Weltbewältigung verzichten. Verzicht bedeutet in diesem Zusammenhang natürlich nicht einen bewußt gefaßten Entschluß. Er ist vielmehr das Resultat einer intensiven Angst, die gleichsam reflexhaft auftaucht, sobald elterlicher Zuwendungs- und Liebesverlust droht. Ein solcher Verzicht aber hat immer verhängnisvolle Folgen.

Die geschilderte sogenannte „destruktive" Phase ist die unumgängliche Vorstufe eines konstruktiven Verhaltens. Ohne die Möglichkeit, ohne die unbefangene Freiheit, etwas zu zerlegen, zu zerkleinern, ein Ganzes auseinanderzunehmen und in seine Bestandteile aufzulösen, gibt es auch nicht die Möglichkeit, aus Teilen etwas aufzubauen und ein neues Ganzes zusammenzusetzen. Das Gewinnen von Material für alle konstruktiven Tätigkeiten ist im Grunde ein destruktives Tun. Das Gestein der Berge muß gesprengt werden, um Bruchsteine für die Grundmauern eines Hauses bereit zu stellen. Bäume müssen gefällt, zersägt und geschnitten werden, um Bauholz zu beschaffen. Bevor ein neues Ganzes konstruktiv zusammengefügt werden kann, müssen durch teilweise destruktives Vorgehen die Teile dazu gewonnen werden.

So verquicken sich in jedem produktiven Vorgang destruktive und konstruktive Elemente aufs engste. Dieses Prinzip reicht bis ins Biologische „hinunter" und bis ins Geistige „hinauf". Ehe ein lebendiger Organismus die ihm zugeführte Nahrung sich einverleiben das heißt sie konstruktiv in sein Gefüge einbauen kann, muß er diese Nahrung in ihre Einzelbestandteile zerspalten und zerlegen. Bei jeder produktiven Gedankenarbeit werden bereits vorhandene traditionelle und konventionelle Gedanken- und Ideenverbindungen in ihre Komponenten aufgelöst, werden analysiert und werden nach neuen Gesichtspunkten anders als bisher verknüpft — anders als bisher im Sinne einer Neukonstruktion, neu für den Denker und manchmal für die ganze Menschheit.

Ohne Zerstörung kein Aufbau könnte man — mit einem Körnchen Salz verstanden — sagen. Wenn ein Kind nicht die Dinge seiner Umwelt auseinandernehmen, zerlegen, zerstören darf, wenn ein solches Tun von den Eltern mit einem moralischen Tabu belegt wird, wie soll es dann lernen, Dinge zusammenzufügen, Einzelteile konstruktiv miteinander zu verbinden und Gestaltungskräfte zu entwickeln.

Eine solche Behinderung der kindlichen Entfaltung führt auf einer der daraus resultierenden Entwicklungslinien zur Charakterstruktur des Zweiflers und Zauderers. Der im Sinne einer Dauereinstellung zweifelnde und zaudernde Mensch verharrt untätig in allen Situationen, in denen Aktivität möglich und nötig wäre. Bei jedem Anlaß zum Handeln rührt sich die im Untergrund seines Erlebens schlummernde Angst: Was − um Himmels willen − werde ich alles kaputt machen und zerstören, wenn ich aktiv in die Geschehnisse eingreife. Die Vorstellung eigenen Tuns ist für ihn, in einer diffusen und vagen Weise, mit der Furcht vor scheußlichen Folgen verbunden. Eine irreale Angst, insofern als es sich um die Wiederbelebung von kindlichen, zu ihrer Zeit realen Befürchtungen handelt: um die Furcht vor der elterlichen Strafe − vor körperlicher Züchtigung oder vor moralischer Verurteilung −, die jedem „destruktiven" Tun des Kindes drohte. Diese Angst ist andererseits aber auch real begründet: Der Zögerer ahnt dunkel, daß er voll ungesteuerter, primitiv-infantiler motorischer Gelüste steckt, und er fürchtet mit Recht, daß diese Gelüste, in die Tat umgesetzt, ihn in höchst schwierige Konfliktsituationen mit seiner Umwelt bringen würden. Es war ihm unter den Einflüssen seiner Erziehung nicht möglich, die beim Kinde zunächst rein oder vorwiegend destruktiven Impulse weiterzuentwickeln, sie zur Reifung und damit auch zu erwachsenen Äußerungsformen kommen zu lassen. Bei einer unbehinderten Weiterentwicklung würden sich diese Kräfte zum Teil im Sinne konstruktiver und gestalterischer Fähigkeiten ausformen, zum Teil würden sie als sozusagen gesunder Destruktionstrieb lebendig bleiben und sich ausdifferenzieren − im Sinne der Kritik zum Beispiel, die eine Ausprägung der elementaren Fähigkeiten des Zerlegens und Auseinandernehmens ist.

Die Chance zu solcher Reifung war dem Zögerer aber nicht gegeben. Seine motorischen Antriebe verharren auf der primitiv-archaischen Stufe kindlicher Frühentwicklung. Sie liegen in dieser Form bereit und drohen in bestimmten provozierenden Situationen, in dieser unausgereiften Gestalt durchzubrechen und das Erleben und das Verhalten des Betreffenden zu beherrschen.

Durchläuft das Kind dagegen das Stadium der „zerstörerischen" Motorik ohne allzu große Hemmungen, dann beginnt gegen Ende des zweiten Lebensjahres ein Entwicklungsabschnitt, in dem es vorwiegend von konstruktiven Handlungsimpulsen bewegt wird. Das Kind erlebt Lust und Freude am Aufbau, am Zusammensetzen und am Formen von

Gegenständen. Bausteine zum Beispiel und Plastilin sind geschätztes und beliebtes Spielzeug. Auch die Sprachentwicklung gehört in diese Phase der aufbauenden motorischen Expansion. Es genügt nicht, die äußere Welt motorisch-handelnd zu erobern. Das Kind fühlt sich auch gedrängt, die Welt zu bewältigen durch das „innere Tun" von Denken und Vorstellung. Die mehr und mehr sich regende Phantasie- und Denktätigkeit eröffnet dem Kinde die neue Erlebnisdimension der inneren Welt. Am Rande sei vermerkt, daß Sprachstörungen wie zum Beispiel das Stottern immer auch auf Entwicklungsbehinderungen in der destruktiven und konstruktiven Phase des inneren und äußeren Tun und Handelns zurückzuführen sind.

Einen weiteren Kristallisationskern für Störungen der kindlichen Kräfteentfaltung bilden die ersten Protest- und Trotzreaktionen des Kindes, die bereits um die Mitte des zweiten Lebensjahres einsetzen (W. Schwidder). In dieser Epoche prallt das Kind mit seinem naiven motorischen Ausdehnungsdrang immer häufiger auf die bestehenden Ordnungen der Erwachsenen. Die ersten zarten Keime des kindlichen Willens, die ersten Versuche der Selbstbestimmung, der ich-haften Abgrenzung gegen die Umwelt, treffen auf den bereits geprägten Willen der Eltern und auf ihre erprobte und festgelegte Form der Selbstdurchsetzung.

In zweifacher Weise kann es bei diesem Zusammenprall der Kräfte zu Verbiegungen der kindlichen Persönlichkeit kommen. Sind die Erziehungspersonen der Ansicht, daß Kinder nichts zu wollen haben, daß jeder Trotz im Ansatz gebrochen, daß ein Kind zunächst einmal gehorchen lernen muß, dann werden die ersten kindlichen Willensregungen sofort durch körperliche oder moralische Strafen blockiert und erstickt. („Ein Kind hat noch keinen Willen. Wohin sollten wir da kommen? Es muß zunächst einmal gehorchen. Das mußten wir früher auch, und es hat uns nichts geschadet. Außerdem weiß i c h schließlich am besten, was für mein Kind gut ist.") Unfähigkeit zu eigener Urteilsbildung und zur verantwortlichen Entscheidung, Rückgratlosigkeit mit einem Wort ist meist die traurige Folge und das Dauerresultat einer solchen Erziehung.

Fatal ist es aber auch, wenn Eltern in das gegenteilige Extrem verfallen. Aus falsch verstandener Liberalität und Toleranz heraus lassen sie ihr Kind in der Weise gewähren, daß es alles, aber auch alles tun darf, was ihm so einfällt und was ihm beliebt. Statt dem Kind nur einen begrenzten Raum zur Verfügung zu halten und ihm bestimmtes „Zeug" zum Spiel zu überlassen, über das es frei schalten und walten kann und das es auch kaputtmachen darf, wird ihm zum Beispiel die ganze elterliche Wohnung zu freier Verfügung gestellt. So hat sich ein Elternpaar aus Angst, die Willenskräfte der kleinen Tochter zu beschränken und das kleine Wesen somit zu schädigen, in verzweifelter Konsequenz in den Laufstall des Kindes zurückgezogen, wenn es einmal ungestört sein wollte. War doch die Wohnung das „Jagdgebiet" der Tochter, deren Gerechtsame auf keinen Fall verletzt werden durften.

Auch eine solche Haltung der Eltern ist verständlicherweise nicht kindgerecht. Denn wie wird es dem Kinde weiterhin ergehen? Spätestens nach zwei oder drei Jahren, dann wenn es sich unter anderen Kindern bewegt und nach Spielkameraden sucht, wird es die aus dem Kontrast zu seinem bisherigen Erleben ganz besonders bittere Erfahrung machen müssen, daß man nicht nur nach eigener Lust und Laune mit Menschen und Gegenständen umgehen kann, vor allem nicht wenn diese Gegenstände dem anderen gehören. Das Kind wird erleben, daß — unbegreiflicherweise — sein Wille, der den Eltern heilig ist, von den Spielkameraden durchaus nicht immer respektiert wird. Eine Erfahrung, die in dem Maße erschütternd und bitter ist, als das Kind zu Hause sich erlauben durfte, was es wollte, und notfalls durch Trotz und Protest seine Ziele erreichte.

So konnte sich eine 30-jährige Patientin kaum damit abfinden, wenn man ihren Wünschen und Ansprüchen ein Nein entgegensetzte. „So etwas darf es doch einfach nicht geben", entfuhr es ihr einmal voll naiver Empörung in der Analysenstunde. Diese Empörung wird verständlich, wenn man sich die an der Mutter erworbenen Erfahrungen der Patientin ansieht. Zwar sagte auch die Mutter auf einen Wunsch oder eine Willensäußerung der Tochter hin gelegentlich Nein. Aber sie hielt dieses Nein nicht durch; es war der Tochter eigentlich immer möglich, durch heftiges Protestieren doch noch ein Ja zu erzwingen. Welches Weltbild ließ die Mutter durch dieses Verhalten in ihrem Kinde entstehen? Ein Nein ist nie endgültig. Man braucht nur ein wenig oder auch nachdrücklich zu bocken und zu trotzen, dann wird in jedem Fall aus dem anfänglichen Nein doch noch ein Ja. Die Unvereinbarkeit dieses Bildes mit der Realität der sonstigen menschlichen Umwelt war für die Patientin immer wieder tief enttäuschend. Sie war stets aufs Neue erschüttert, wenn sie feststellen mußte, daß die große Welt draußen in ihrem Gefüge von der kleinen Welt zu Hause so entscheidend abwich.

Aber auch ein Kind wünscht sich, wie der Mensch überhaupt, im Grunde eine Begrenzung seiner Antriebe und Bedürfnisse, ein Maß für seine vitalen Kräfte, eine bewahrende und verwahrende Ordnung. Bewahrung vor willkürlichem und rücksichtslosem Überschießen der eigenen Energien und vor den feindseligen Gegenreaktionen der betroffenen

Umwelt. Eine solche Begrenzung braucht das Kind, und es verträgt sie schadlos — es sei denn sie wird in moralisierender Weise vollzogen, in der Weise eines Sittenpredigers, der die Moral nicht Dienerin des Lebendigen sein läßt, sondern sie zum starren Prinzip erhebt.

So erlebte die oben erwähnte Patientin es zu ihrem eigenen Erstaunen geradezu als beruhigend, als der Analytiker ihr gegenüber bei einem einmal geäußerten Nein blieb. Sie hatte ihn spät am Abend telefonisch angerufen und dringend eine sofortige analytische Sitzung gefordert. Der Therapeut hielt die Befriedigung dieses Wunsches nicht für unbedingt notwendig und lehnte ab. Er blieb bei seinem Nein, auch als die Patientin mehrfach trotzig auf ihrer Forderung beharrte. Die Patientin erlebte zu ihrem eigenen großen Erstaunen das Nein nicht mehr nur als ein „Halt", ein „Stopp" im Sinne einer böswilligen Weigerung und Versagung, sondern auch als beruhigenden „Halt", als die Möglichkeit, einen Halt zu haben, wenn die eigenen überschießenden Willensenergien einen hinzureißen drohen.

Das Beispiel will sagen: Kinder haben auch ein Anrecht auf eine Erziehung, die Grenzen setzt. Sie brauchen nicht nur das Ja, sondern auch das Nein der Eltern. Sie benötigen Gebote und Verbote von Seiten der Umwelt, sollen sie nicht im unbegrenzten Raum eigener Willkür sich ausgesetzt fühlen, unverwahrt und verloren. Aber was sie nicht brauchen können, was vielmehr unweigerlich zu seelischer Verkümmerung und Verkrüppelung führt, das ist eine moralisierende Einengung, das sind Verdammungsurteile wie: „So etwas tut man nicht" — „Ein braves Kind tut das nicht". — Wenn du so etwas tust, dann ist Mutti traurig" — „Wenn du so weiter machst, kann Mutti dich nicht mehr liebhaben". Solche verbalen Verurteilungen oder gar ein über Stunden, vielleicht sogar über Tage anhaltendes Verdammungsschweigen und Übergehen des Kindes durch Vater oder Mutter — weil du so unartig warst, bist du jetzt Luft, existierst du nicht mehr für mich — führen immer zu schwerer Beeinträchtigung des Kindes.

Der Trotz als kindliche Vorstufe einer gesunden Eigenwilligkeit wird uns bei der Darstellung der kindlichen Entwicklung im dritten Lebensjahr nochmals beschäftigen. Zunächst noch dieses: Trotz tritt im zweiten Lebensjahr zumeist auf als Reaktion auf eine Enttäuschung, auf die Versagung eines Wunsches, etwas zu bekommen oder etwas zu tun. Zu den Äußerungen des Trotzes gehört aber auch das eigene Nein-sagen, der Protest gegen eine Forderung der anderen, die Weigerung, etwas Verlangtes herzugeben. Dieses Erleben vollzieht sich im ersten Ansatz vor allem bei der Sauberkeitsgewöhnung als Reaktion auf das Ansinnen, eigene Substanz, den Kot, zu bestimmter Zeit und in bestimmter Weise „abzuliefern".

Im d r i t t e n L e b e n s j a h r werden die vom Kind bislang erworbenen Fähigkeiten und ansatzweise geübten Funktionen weiter vervollkommnet. Es ist die „Probierphase des bewußten Wollens und Handelns" (W. Schwidder). Es ist die Zeit, in der sich das Kind seines eigenen Ichs zunehmend bewußt wird. Die Sicherheit der gezielten Motorik, der Körperbeherrschung nimmt zu. Freilich wird aus Ungeschicklichkeit auch in dieser Zeitspanne noch viel umgeworfen und zerstört. Der dem dreijährigen Kind eigentümliche ungeheure Bewegungsdrang äußert sich in einer besonderen Freude am Herumtoben; es will sich aus-toben.

Krisenpunkte zwischen Kind und Eltern ergeben sich in dieser Zeit vor allem aus der langsam erstarkenden Fähigkeit des Kindes, etwas zu wollen oder eben etwas nicht zu wollen. Mit der Reifung der Motorik, mit dem bereits früher erwachten Ichgefühl und dem jetzt einsetzenden Ichbewußtsein wächst auch die Kraft zur Willensbildung. Der kindliche Wille, im Vergleich mit dem der Erwachsenen immer noch schwach, äußert sich weiterhin als Trotz und Eigensinn, unter dem Gesichtswinkel der Erziehungspersonen gesehen. Das Kind weiß noch nicht recht, was es eigentlich will. Entsprechende Vorstellungen haben sich noch nicht gebildet. Es spürt zunächst nur eine Art dumpfen Gegenwillens gegen die elterlichen Anforderungen. Dieser Gegenwille, wenig konturiert vorerst, treibt das Kind immer wieder zur Auseinandersetzung mit den Erziehungspersonen, treibt es dazu, sich gegen deren Willen abzugrenzen und so allmählich eine ausgeprägtere Eigen-willigkeit zu entwickeln. Das Kind probiert aus, wann und wie lange es nein sagen, etwas verweigern, festhalten und ablehnen darf. Wenn die Eltern aus veralteten pädagogischen Vorstellungen oder aus eigenen Durchsetzungsschwierigkeiten heraus diese keimhaften Entfaltungen des kindlichen Eigenwillens nicht pflegen, wenn sie die ersten Willensübungen des Kindes nicht bestätigen und fördern, sondern dem trotzenden Kind vielmehr ihre Zuneigung entziehen, dann wird es in seinen Selbstbehauptungstendenzen im Kern getroffen und lädiert. Der Wille des Kindes wird gleichsam krank und in seiner weiteren Ausreifung behindert.

Es wurde schon gesagt, daß die ersten Trotzreaktionen bereits in der Mitte des zweiten Lebensjahres auftreten. Im dritten Lebensjahr erreicht die Probierphase kindlicher Willensbetätigung einen Grad an Bewegtheit und Intensität, daß man vom schwierigsten Jahr der kindlichen Entwicklung überhaupt gesprochen hat. Ganz besonders schwierig wird es dann, wenn die Eltern Gehorsam und Parieren für entscheidende Erziehungsideale halten. Wer später befehlen will, muß zunächst einmal gehorchen lernen — ist eine häufig gehörte Formulierung solcher pädagogischer Grundhaltung.

Eine pädagogische Leitvorstellung, die dem Kind gerecht würde, könnte vielleicht lauten: Wer lernen und fähig werden soll, sich freiwillig einzuordnen, muß zunächst einmal über einen eigenen Willen verfügen. Ohne Eigenwilligkeit keine Frei-willigkeit! Nur wenn ein Kind hat erleben dürfen, über die Vorphasen von Trotz und Eigensinn zur Eigenwilligkeit vorzudringen, wird es bereit sein, ja geradezu das Bedürfnis empfinden, sich in die Gemeinschaft einzuordnen und deren Spielregeln anzuerkennen. Wird ihm dagegen eine stufenweise fortschreitende Entfaltung des eigenen Willens verwehrt, so resultiert folgendes Bild: Auf der einen Seite findet sich eine übermäßige Anpassung an die elterlichen Gebote und Verbote, eine Fügsamkeit unter Ausschluß des eigenen Willens, die Fügsamkeit des „braven" Kindes. Auf der anderen Seite setzt sich der unausgereifte Selbstbehauptungswille — verzerrt, weil nicht bejaht und bewußt gesteuert — dennoch durch. Die Entwicklungslinien, die sich als Folge der geschilderten hemmenden Einflüsse ergeben, können zu Charakterbildern führen wie zum Beispiel denen des Duckmäusers, des Hinterlistigen und Intriganten, des Palastrevolutionärs und des Dauerrebellen.

Neben dem Trotz bildet die Willkür des Kindes einen häufigen Anlaß für Zusammenstöße und Reibungen mit den Eltern. Das dreijährige Kind ist gesunderweise in seinen Willensäußerungen sprunghaft und willkürlich. Es verfügt noch nicht über die Fähigkeit eines festen und gerichteten eigenen Willens und bewegt sich daher in seinen „Entschlüssen" von einem Extrem ins andere; es will bald dieses, bald jenes. Das Kind muß erst langsam lernen, Möglichkeiten gegeneinander abzuwägen und sich zu entscheiden; es muß lernen zu wählen, dadurch seinem Willen Ziel und Richtung zu geben und Willkür in Eigenwilligkeit zu verwandeln. Zunächst pendelt es gleichsam zwischen den Möglichkeiten des Entweder ... Oder. Die dabei gewonnenen Erfahrungen erschließen neue Möglichkeiten, erschließen die zwischen Entweder — Oder liegenden Kombinationen und Variationen und erweitern somit allmählich die Wahlfreiheit.

Ein weiterer Anlaß zu Verwicklungen zwischen Eltern und Kind kann durch die Äußerung kindlicher Angriffslust entstehen, durch seine kämpferischen Aggressionen im engeren Sinn. Mit dem Unternehmungsdrang im allgemeinen wächst beim Dreijährigen auch die Kampfesfreude, die ihn treibt, die anderen anzugreifen, wenn er sich von ihnen gestört oder geärgert fühlt oder wenn er ganz einfach nur seine Kräfte messen will mit den Spielgefährten, den Geschwistern und auch den Eltern. Unter

Einsatz aller verfügbaren Kräfte werden in kindlich-spielerischer Weise auch alle Möglichkeiten des kämpferischen Angriffs „ausprobiert". Das geht für den anderen oft nicht schmerzlos ab. Doch erfolgen diese „Aggressionen" beim ungestörten Kind sicherlich nicht aus sadistischen Motiven, aus purer Lust am Quälen, sondern im Zuge der Erprobung eigener Kraft in ihren vielfältigen Funktionen.

Verständlicherweise möchte man solche Kraftäußerungen oft eindämmen, besonders wenn sie dem anderen wehtun oder ihn wohl gar beschädigen; es ist auch im Interesse des Kindes, ist erziehungsnotwendig, sie einzuschränken. Doch entscheidend kommt es darauf an, wie diese Eindämmung und Beschränkung vorgenommen wird. Es wirkt sich auf die kindliche Entfaltung sehr unterschiedlich aus, ob man die Angriffe verständnisvoll-tolerant stoppt oder ob man sich dabei moralisch-abwertend verhält: „Wie konntest du dein Schwesterchen nur auf die Erde werfen. Hast du es denn gar nicht lieb?" Oder: „Wenn das nochmal vorkommt, dann kannst du dir andere Eltern suchen." Andererseits schließt Toleranz den Ausdruck eigenen Ärgers, nachdem der Bengel einen genau aufs Schienbein geschlagen hat, natürlich nicht aus.

Eine generell geübte moralische Diffamierung knickt den kindlichen Selbstbehauptungswillen immer, während eine wohlwollend-nüchterne, eine realistische Begrenzung keinen Schaden stiftet. Im Fall der zuletzt geschilderten Diffamierung als Reaktion der Eltern erlebt das Kind etwa: Ich werde nicht geliebt, weil ich angriffslustig bin. Ich gehöre dann nicht mehr zu den Eltern. – Da ein Kind aber auf die Liebe und Zuwendung der Eltern schlechthin nicht verzichten kann, „verzichtet" es künftig wohl oder übel auf seine Selbstbehauptungskräfte, die ihm dann hernach, wenn es erwachsen geworden ist, zur Welt- und Lebensbewältigung nicht mehr frei zur Verfügung stehen.

Ein Fehlen der Trotzphase beim Kind ist immer ein ernstes Krisenzeichen und verdient Beachtung von Seiten der Eltern. Sie ist ein Zeichen für eine erhebliche Behinderung der kindlichen Entwicklung. Es ist dabei etwas schiefgelaufen; und infolgedessen traut sich das Kind mit seinen ersten Willensregungen nicht heraus; es kommt gar nicht erst zu Auseinandersetzungen mit der Umwelt.

Im v i e r t e n L e b e n s j a h r lernt das Kind seine Körpermuskulatur noch besser zu beherrschen und seine Handlungen gezielter zu steuern. Die Trotzphase klingt langsam ab. Sie klingt ab in dem Maß, wie das Kind Sicherheit gewonnen hat in der Fähigkeit Nein zu sagen, etwas festzuhalten und zu behalten und auch anders wollen zu können als die Eltern.

Wenn bisher im Erleben und Verhalten des Kindes das Entweder-Oder dominierte, entweder ich oder du, entweder mein Wille oder der deine, so erschließt sich das Kind jetzt in einer neuen Probierphase die gleichsam „dritte Dimension des Handelns" (W. Schwidder): Eine dritte Möglichkeit des Tuns, die nicht mehr unbedingt gegen den Willen der Mitmenschen gerichtet ist, sondern die über das Entweder-Oder hinausgreift, wird gesucht und gefunden. Diese Möglichkeit bedeutet unter anderem ein mit den Eltern gemeinsames Tun. Ein Kind, das schon über ein gewisses Maß an Eigenwilligkeit verfügt, hat es nicht mehr nötig, nur gegen die Eltern etwas zu wollen, sondern es kann nun auch wagen und mehr und mehr Freude daran finden, seinen Willen mit dem der Eltern zu verbinden.

Man könnte demnach bei der Willensentwicklung des Kindes drei Phasen unterscheiden: Die erste Phase einer totalen „willenlosen" Abhängigkeit von den Eltern, die zweite Phase eines „rücksichtslosen" Eigenwillens und schließlich die dritte eben erwähnte Phase eines frei gehandhabten Willens. Dieser kann sowohl gegen die anderen gerichtet wie auch für die anderen eingesetzt und vor allem auch mit dem der anderen verbunden werden.

Man spricht in diesem Zusammenhang auch von einem Stadium der Identifikation: Das Kind lehnt sich aus eigenem freien Willen an Vorbilder an; es ahmt bewußt Handlung und Verhaltensweise der anderen nach; es übernimmt das Verhaltensgefüge eines anderen im Sinne einer Rolle, um auszuprobieren, was alles möglich ist, und herauszufinden, was es selbst einmal werden möchte und könnte. In der ersten Entfaltungsphase war das Kind notgedrungen völlig von den Eltern abhängig. Es konnte nur tun, was die Eltern wollten, konnte sich nur in den Grenzen bewegen, die der elterliche Wille ihm einräumte. Jetzt wird es aus eigenem Antrieb, aus eigenem Willen abhängig oder anders ausgedrückt: Es ordnet sich ein, es lehnt sich an, es fügt sich dem Willen der Eltern dann, wenn es deren größere Erfahrung und deren besseren Überblick einsieht und anerkennt; es läßt sich überzeugen. Zu solcher Einordnung kommt es aber nur, wenn das Kind zuvor durch die Entwicklung von Bock, Trotz und Eigensinn seinen eigenen Willen erlebt, geübt und gelernt hat, sich seiner zu bedienen.

Noch eine weitere Entwicklung setzt im vierten Lebensjahr ein; sie wurde zu Anfang dieser Schrift bereits erwähnt: Das Kind hat gelernt, seine Muskulatur zu beherrschen; es hat die Fähigkeit erworben, an Menschen, an sonstige Lebewesen und an die leblosen Dinge heranzugehen, und es ist dabei, einen eigenen Willen zu entwickeln. Damit ist im Kinde auch das Bedürfnis gewachsen, sich in seine kleine Welt und

Gemeinschaft einzuordnen und sich an Vorbilder anzulehnen. Auf diese Weise sind die Voraussetzungen für die „Krönung" des motorisch-aggressiven Erlebens geschaffen, die Voraussetzungen für das Aufkeimen der Bedürfnisse und Wünsche, die sich auf Geltung und Anerkennung im eigenen Kreis richten.

Ob der kleine Junge aus Bauklötzchen einen Turm baut und beifallheischend nach den Eltern guckt, ob das kleine Mädchen zur Radiomusik ein paar Tanzschritte probiert und gleichzeitig nach dem Eindruck schielt, den es damit auf die Anwesenden macht, immer geht es dem Menschenkind darum, die Bestätigung und Anerkennung der Mitmenschen zu gewinnen.

Auch das Trachten nach Geltung ist eine Form der Einordnung oder anders ausgedrückt: Das gesunde Geltenwollen vollzieht sich in Verbundenheit mit den anderen. Wenn die Erziehungspersonen das Geltungsverlangen des Kindes zurückweisen und ablehnen und ihm gleichzeitig Geltung in entstellter Form als Muster anbieten, dann kommt es zur Geltungsbefriedigung oberhalb oder außerhalb der menschlichen Gemeinschaft und ihrer Ordnungen, unter Umständen sogar in einer ausdrücklich gegen die Mitmenschen gerichteten Äußerungsform. In solcher Weise gestörte Menschen verstehen dann Geltung entweder als haushohe Überlegenheit über die anderen, oder sie realisieren ihr Geltungsverlangen im Sinne einer hochmütigen Absonderung von der gemeinen Masse Mensch, von Krethi und Plethi. Sie entsprechen damit dem Pharisäer, der „stand und betete bei sich selbst also: Ich danke dir, Gott, daß ich nicht bin wie die anderen Leute".* Oder sie befriedigen ihr Geltungsstreben dadurch, daß sie die Anerkennung der Mitmenschen durch Unterdrückung und rücksichtslose Herrschsucht erzwingen.

Bejahen dagegen Eltern die menschlichen Geltungstendenzen bei sich selbst und bei anderen und akzeptieren solche Strebungen deswegen auch bei ihren Kindern, dann wird ein Kind seine Geltungswünsche innerhalb der menschlichen Gemeinschaft entwickeln können. Es wird, herangewachsen, eine soziale Rolle zu übernehmen und zu beherrschen suchen, die seinen Fähigkeiten und Talenten entspricht und die seinem Durchsetzungsvermögen und seiner Verantwortungsbereitschaft gerecht wird; es wird sich den ihm adäquaten Platz in der Sozietät verschaffen.

Wurde im zweiten und dritten Lebensjahr vorwiegend das Müssen, Dürfen und Wollen probiert und geübt, so steht das Kind im vierten und f ü n f t e n L e b e n s j a h r vor der Reifungsaufgabe, das Können zu trainieren.

---

* Evangelium des Lukas 18, 11

In weiterer Verfolgung der schon früher in ersten Ansätzen entfalteten Geltungsimpulse möchte es außerdem jetzt in seinem Können bewundert werden. Weil dieses kindliche Können aber naturgemäß auf allen Gebieten unsicher und wenig beherrscht ist, prahlt das Kind zum Ausgleich der Unsicherheit in diesem Alter gern; es gibt an, schneidet auf und macht große Worte darüber, was es schon alles kann.

Von der Zwergperspektive des Kindes her gesehen, sind diese Bezeichnungen — prahlen, aufschneiden, angeben — eigentlich falsch oder zumindest irreführend. Denn unter Erwachsenen werden sie ja oft mit einem negativen Akzent versehen, während die mit diesen Worten gekennzeichneten Einstellungen und Verhaltensweisen des Kindes völlig gesund sind. Dieses kindliche Verhalten ist nichts anderes als das „Probieren" des Geltungsstrebens. Das Kind versucht, genau so groß, so stark, so geschickt wie die Erwachsenen zu sein oder besser: zu erscheinen, zu imponieren; es nimmt bei diesem Unterfangen „den Mund etwas zu voll".

In dieser Phase ergeben sich erfahrungsgemäß Krisen oft dann, wenn Eltern für die überschießenden und manchmal grotesk gesteigerten Geltungsaktionen ihres Kindes kein Verständnis aufbringen können. Für ein Kind dieses Alters hat die Wendung: „Wer angibt, hat's nötig" Gültigkeit — mit einem Körnchen Salz verstanden. In Vorbereitung darauf, später einmal ein begründetes Geltungsbedürfnis, ein Selbstbewußtsein und das Gefühl für die Ehre und Würde der eigenen Person zu entwickeln, muß das Kind zunächst einmal aufschneiden, angeben und prahlen.

In dieser Entwicklungsepoche reift außerdem der Wunsch nach konstruktivem Tun mehr und mehr aus. Längst schon macht es jetzt dem — seelisch nicht gestörten — Kind mehr Spaß und Vergnügen, etwas aufzubauen als Bestehendes zu zerstören. Darüber hinaus sollen der aus Bausteinen aufgerichtete Turm, das aus Lego-Klötzchen zusammengefügte Haus, die Buntstiftzeichnung, die Fingermalerei, sollen die Burg im Sandkasten und der Schneemann auf dem Rasenplatz möglichst lange erhalten und bewahrt und der Familie sowie etwa dazukommenden Besuchern gezeigt werden. Welcher Stolz, wenn die Betrachter sich beeindruckt zeigen!

Wir haben bislang nur vom Kind schlechthin gesprochen und haben nicht erwähnt, daß die Entwicklung von Geltungstendenzen beim Mädchen einerseits und beim Jungen andererseits geschlechtsgebundene Eigentümlichkeiten aufweist — Eigentümlichkeiten, die sich unter anderem aus den voneinander abweichenden Erfahrungen der Kinder verschiedenen Geschlechts beim Urinieren ergeben. Wenn der Junge im aufrechten Stand voll Stolz und Genugtuung seinen Urinstrahl dirigiert und, als ein feiner Pinkel, in die Höhe und Weite zu pinkeln vermag, dann ist das kleine Mädchen „nur" fähig, in niedergehockter Stellung unter sich zu lassen. Vielleicht ist dieses Lassen-Können ein Ansatz, und zwar der biologische, für die spätere Entwicklung von Gelassenheit. Doch soll von diesen geschlechtsgebundenen Differenzierungen des Erlebens ausführlicher in anderen Zusammenhängen — im dritten Buch dieser Folge — die Rede sein.

Im s e c h s t e n L e b e n s j a h r werden als neu-aufkeimende Fähigkeiten das Überlegen und Planen vom Kinde erlernt und geübt. Das Kind beherrscht seine motorischen Funktionen nunmehr mühelos; aber es hat auch wieder und wieder erfahren müssen, daß die in den anderen Menschen und in den Dingen sich repräsentierende äußere Wirklichkeit seinen Handlungsimpulsen und Unternehmungswünschen oft entgegensteht.

War das Kind am Lebensbeginn in Bezug auf die Erfüllung seiner Wünsche und Erwartungen völlig auf die Eltern angewiesen, deren Allmacht es selig vertraute, schrieb es später mit der Reifung seines Willens den eigenen Gedanken und Wünschen Allmacht zu, so erlebt es in diesem Lebensalter die Macht der äußeren Realität, wodurch die eigene Allmacht auf ein begrenztes Maß reduziert wird. Durch diese Erfahrungen veranlaßt, lernt das Kind allmählich, seine Wünsche und Antriebe mit der neuentdeckten Wirklichkeit in Einklang zu bringen.

Der Psychoanalytiker S. Ferenczi* unterschied 5 Stadien, in denen sich beim Kind das Allmachtserlebnis allmählich zu einem gesunden Wirklichkeitssinn wandelt:

1. Das Stadium der „bedingungslosen Allmacht" vor der Geburt, in dem alle Bedürfnisse befriedigt sind, noch ehe sie entstehen können.
2. Das Stadium der „magisch-halluzinatorischen Allmacht" nach der Geburt, in dem alle Bedürfnisse bald nach ihrem Entstehen bereits befriedigt sind.
3. Das Stadium der „Allmacht durch magische Gebärden", das bereits längere Stadien der Nicht-befriedigung oder Versagung kennt; aber etwa Geschrei oder Gestrampel bringen schließlich das Gewünschte herbei.
4. Das Stadium der „Macht durch magische Gedanken und Worte", in dem das Kind unter Zuhilfenahme differenzierterer Mittel und über noch längere Perioden der Nicht-Befriedigung hinweg seine Bedürfnisse erfüllt bekommt.

---

* S. Ferenczi: „Entwicklungsstufen des Wirklichkeitssinns". Internat. Zeitschrift für Psychoanalyse. 1913, 1, S. 124–138

5. Das Stadium schließlich, in dem – ohne Allmacht – die Realität assimiliert wird.

Das sechsjährige Kind beginnt beim Auftauchen von Hindernissen selbst zu überlegen, wie diese Hindernisse beschaffen sind und wie seine eigenen Kräfte sich dazu verhalten, und es versucht einen Plan zu entwickeln, um sie zu überwinden. Das Weltbild des Kindes wird sachlicher. Aus „allmächtigen" Wünschen werden sachbezogene Interessen.

Dieser Prozeß wird durch das gleichzeitig eintretende kausale Denken intensiviert und gefördert. Aus einem dringenden, ja geradezu drängenden Interesse heraus fragt das Kind ständig nach den Folgen und Konsequenzen von Handlungen, nach den Ursachen der Erscheinungen seiner Umwelt, nach den Zusammenhängen, welche die Erscheinungen miteinander verknüpfen. Auf diese Weise wird die märchenhaft-magische Geisteshaltung der vorangegangenen Phasen allmählich ergänzt und schließlich abgelöst durch die „Aufklärung", die Klarsicht, die aus einem kausalen Denken, aus dem Verknüpfen von Ursache und Wirkung resultiert.

In diesem Fragealter werden die Erziehungspersonen oft geradezu bestürmt mit dem Anliegen: „Warum ist das so? Woher kommt dieses? Wohin führt jenes?" Auf diese Weise lernt das Kind auch, zwischen Möglichkeit und Wirklichkeit, zwischen den Modalitäten schärfer zu unterscheiden und wird dadurch erst fähig, seine Kräfte planvoll für die Verwirklichung des Möglichen einzusetzen.

Auch in diesem Abschnitt kann es noch zu einer erheblichen Entwicklungsstörung kommen. Es gibt Eltern – vielleicht in unserem Kulturkreis Mütter etwas häufiger als Väter –, die selbst wenig geneigt sind zu planvollem Verhalten, die lieber aus dem Augenblick heraus handeln und sich daher nur schlecht eignen zum Vorbild und zur Anlehnung für ein Kind, das seinem Alter nach lernen müßte zu überlegen, zu wählen, zu planen. In diesem Zusammenhang sei noch bemerkt: Planen beinhaltet den Verzicht auf die Sofortbefriedigung von Wünschen und Bedürfnissen und die Fähigkeit zum Aufschub bis zu einer glücklicheren Gelegenheit, glücklicher oft dadurch, daß sie besser und gründlicher vorbereitet wurde.

Solche „schusseligen" Mütter wie die eben erwähnten, verbreiten naturgemäß eine Atmosphäre flirrender Unruhe um sich, eine Atmosphäre, in der das Kind nicht genügend Zeit und Muße findet, um in Ruhe seine Einstellungen zu überlegen, seine Vorsätze zu bedenken und seine Handlungen vorzubereiten. Ist einem Kinde die Identifikation mit ruhig überlegenden, planvoll handelnden Eltern nicht vergönnt, so wird es selbst zu einem Menschen, der planlos aktiv ist, der handelt, bevor er denkt und überlegt. Es wird damit zu einem in die Zukunft gerichteten und auf Dauer entworfenen Tätigsein nie recht fähig.

Mit der Fähigkeit zu planen, mit dem Vermögen, sachlicher mit der äußeren Wirklichkeit umzugehen, wächst auch das Bedürfnis des Kindes, nicht mehr alles, was ihm erzählt wird, für bare Münze zu nehmen. Es fängt an, Kritik und Zweifel an den Aussagen und Erzählungen der Erwachsenen und der anderen Kinder zu äußern. Es setzt damit die sogenannte destruktive Phase der Motorik gleichsam auf höherer Ebene fort. Es durchdringt das ihm Angebotene mit seinem Zweifel, zerlegt es kritisch und prüft die einzelnen Bestandteile auf ihre Zuverlässigkeit und Glaubwürdigkeit.

Damit hat die Entfaltung der motorisch-aggressiven Impulse des Kindes einen gewissen Abschluß erreicht. Die Entwicklung hat mit der Äußerung eines unbändigen und ungesteuerten Bewegungsdranges begonnen und findet nun — über verschiedene Zwischenstufen — ihren vorläufigen Gipfel in einer altersgemäß ausgeformten Eigenwilligkeit, Kritikfähigkeit und dem Bedürfnis, sich innerhalb der menschlichen Gemeinschaft Geltung und Anerkennung zu erobern.

Wenn wir von einem Abschluß dieser Entwicklung sprechen, so ist damit gemeint: Eine kleine Persönlichkeit ist entstanden, gekennzeichnet durch ein gewisses Maß an Selbständigkeit und an Fähigkeit, die eigenen Kräfte zu handhaben und zu steuern.

Selbstverständlich setzt sich diese Entwicklung fort. Der Tatsache einer gewissen Kulmination wird in den meisten Kulturländern dadurch Rechnung getragen, daß im sechsten Lebensjahr die gesetzliche Schulpflicht einsetzt. Man nimmt an, daß ein Kind mit der Vollendung dieses Lebensjahres soweit herangereift ist, daß man ihm den Besuch der Schule und damit erstmalig die Übernahme sozialer Verpflichtungen zumuten kann.

Bis zu diesem Alter reift in erster Prägung der Charakter des Menschen als die ihm eigentümliche Form, in der lebendige Kräfte kanalisiert werden und damit ihre Richtung und ihr Gefälle finden. Lebendige Kräfte, das heißt Bedürfnisse, Gefühle und Affekte, die vornehmlich um Besitz, Geltung und Liebe kreisen.

Diese Kanalisierung der psychischen Energien des Menschen im Flußbett des Charakters geschieht also grundlegend in den ersten fünf bis sechs Lebensjahren, ebenso wie ihre eventuelle Fehlleitung in diesem Zeitabschnitt fixiert wird. Solche Fehlleitungen sind das Charakteristikum der Neurose. Die Neurose ist eine Störung des Erlebens und Verhaltens, die in früher Kindheit unter den Extremeinflüssen von Härte und Verwöhnung erworben wird.

III. EHELEUTE UNTER SICH: SZENEN MIT KOMMENTAR

A. Störungen der Fähigkeit, etwas in Angriff zu nehmen

1. Initiativelosigkeit

Der Kinobesuch (Erste Szene)

Beim Abendessen.

Er: Ich würde gern ins Kino gehn. In einen Wildwestfilm. Kommst du mit?

Sie: Wildwestfilm? Ach, ich weiß nicht.

Er: Was schlägst du vor?

Sie: Ich weiß nicht recht.

Er: Dann komm doch ruhig mit.

Sie: Meinetwegen.

Auf dem Heimweg nach der Filmvorstellung.

Sie: (verstimmt) Wie du mir zwei Stunden lang einen solchen Blödsinn zumuten kannst? Du könntest dir auch mal was Gescheiteres einfallen lassen. Schade um die schöne Zeit!

Er: (ärgerlich) Nun mach aber einen Punkt! Selbst keine Ideen haben und hinterher meckern!

Der Kinobesuch (Zweite Szene)

Beim Abendessen.

Er: Ich würde gern ins Kino gehn. In einen Wildwestfilm. Kommst du mit?

Sie: Ja! Aber nicht in einen Wildwestfilm.

Er: Was möchtest du denn sehen?

Sie: Moment mal. (Guckt in die Tageszeitung) Ja, es gibt einen italienischen Film. Der ist ganz gut besprochen.

54

Er: (verzieht knurrend das Gesicht) Ich möchte lieber in den Wild-westfilm.

Sie: Na gut! Dann gehn wir eben getrennt.

Auf dem Heimweg, nachdem er sie abgeholt hat.

Sie: Wie war's denn?

Er: Hat mir gut gefallen. Schöne Aufnahmen und nicht schlecht ge-spielt. Und wie war's bei dir?

Sie: Hochinteressant. Ich muß dir erzählen.

2. Aggressive Fehlerwartungen

Die Rechnung (Erste Szene)

Am Abend.

Sie: Du, die Firma Meyer hat jetzt die dritte Mahnung wegen des Elektroofens geschickt. Willst du das nicht endlich mal erledigen?

Er: Ach du liebe Zeit! Ich hab im Augenblick doch gar nicht das Geld dazu. Ich wollte doch heute endlich den Plattenspieler kaufen. Den bekomm ich nicht ohne Baranzahlung.

Sie: Also i c h bin dafür, daß erst der Ofen bezahlt wird.

Er: (knurrt etwas Unverständliches und denkt bei sich: Rede du nur! Das arrangiert sich schon.)

Einen Monat später.

Sie: Du, ich mußte heute morgen diesen Zahlungsbefehl quittieren. Wegen des Heizofens. Wenn du bis zum 15. nicht bezahlst, werden sie dir wohl auf deinen Plattenspieler einen Kuckuck kleben. Jetzt mußt du zahlen, ob du willst oder nicht. Und die Gerichtsgebühren kommen noch dazu. Wie du mit dem Geld umgehst . . . Ich könnte mich grün und gelb ärgern.

Die Rechnung (Zweite Szene)

Beim Mittagessen.

Sie: Du, die Firma Meyer hat die Rechnung über den Elektroofen ge-schickt. Wirst du das erledigen?

55

Er: Verflixt. Daran hab ich gar nicht mehr gedacht. Eigentlich wollt ich heute den Plattenspieler kaufen, für unsere Party am Sonnabend.

Sie: Da leihen wir eben noch mal Schulzes ihren. Geht doch auch.

Er: Anders wär's mir lieber. Aber so ist es wohl besser.

3. Reaktive Aggressivität

Wir gehen ins Theater.

Er und sie wollen am Abend ins Theater. Die Fahrt dorthin im eigenen Wagen dauert etwa 15 Minuten. Die Vorstellung beginnt um 19.45 Uhr. Um 19.15 erscheint sie, bereits für den Abend angezogen, in seinem Zimmer, wo er, die Beine auf den Schreibtisch gelegt, in einer Zeitschrift blättert.

Sie: (erregt) Du bist ja immer noch nicht angezogen. Das gibt wieder eine furchtbare Hetze. Es ist jedesmal dasselbe.

Er: Reg dich bloß nicht so auf! Immer pressiert es dir. In einer Viertelstunde bin ich bequem fertig.

Sie: Um gerade mit dem letzten Klingelzeichen reinzukommen — Hals über Kopf — schauderhaft! Man kann sich gar nicht richtig einstellen auf das Stück. Und dann heute „Hamlet". Ich bin richtig böse auf dich.

4. Planlosigkeit

Wir verreisen.

Er und sie sind nach dreijähriger Ehe erstmalig in der Lage, eine Sommerreise zu machen. Am Abreisetag 12.00 Uhr. Um 13.30 Uhr geht der Zug. Er kommt gerade von seiner Dienststelle nach Haus, wo er noch zu arbeiten hatte. Sämtliche Türen der kleinen Wohnung stehen offen, und es herrscht ein unbeschreiblicher Wirrwarr allenthalben. Aufgerissene Schubfächer, halb gefüllte Koffer, dazwischen verstreut Kleidungsstücke, Schuhe, Bücher, Federballschläger u. a. m. Im Bad rauscht Wasser in die Wanne. Sie rennt im Büstenhalter und Höschen anscheinend ziellos umher. Er steht einen Augenblick versteinert angesichts des Tohuwabohus. Dann

Er: Ach du lieber Gott, und in eineinhalb Stunden geht unser Zug! Was hast du eigentlich den ganzen Morgen gemacht?

Sie: (kriegerisch) Du hast wirklich eine liebe Art. Das muß ich schon sagen. Ich schufte und schufte seit heute früh, und du stellst impertinente Fragen. Ich will jetzt baden und mich anziehen.

Er: Aber wie willst du denn mit all dem hier fertigwerden. Wir müssen spätestens um ein Uhr aus dem Haus.

Sie: Statt zu reden, solltest du mir lieber helfen. Leg schnell noch deinen hellgrauen Anzug auf deinen Koffer und mach das Ding dann zu. Du liebe Güte, das Badewasser . . . (Saust ins Badezimmer und dreht den Hahn ab. Ruft von dort) Übrigens steht eine Pfanne mit Bratkartoffeln in der Küche. Die kannst du zwischendurch essen.

Er: (aus dem Wohnzimmer) Sag mal, was soll denn mit all den Topfpflanzen werden während der drei Wochen.

Sie: O je, das hätt ich beinah vergessen. Die müssen in die Küche in eine Wanne mit Wasser. Mach das bitte, Liebling, während ich mich anziehe. Die Wanne steht unten in der Waschküche. (Man hört das Badewasser plätschern. Jetzt sie dringend) Du mußt auch noch den Käfig mit Hänschen zu Frau Meyer 'rüberbringen. Sie will das Hänschen inzwischen pflegen. (Badewasser rauscht ab. Sie kommt im Evaskostüm aus dem Bad und stürzt ins Schlafzimmer.) Jetzt hab ich doch alle Wäschegarnituren eingepackt, und ich brauch noch eine frische. (Kniet vor einem Lederkoffer) Herrgott, und ausgerechnet dieser Koffer ist schon zugeschlossen. Wo sind denn nur die Schlüssel?!

Er: (erscheint in der Tür, beide Arme voller Blumentöpfe) Zieh doch an, was du vorher anhattest.

Sie: Aber Schatz, ich kann doch nicht in getragener Wäsche auf die Reise gehen. (Kramt aufgeregt zwischen den Utensilien auf Ihrer Frisierkommode) Wo sind denn nur die verflixten Schlüssel? Aah, hier! Hast du schon ein Taxi bestellt, Liebling? Auf dem Weg zur Bahn müssen wir bei Nieberleins vorfahren und die Brötchen abbestellen. (Während sie sich die Strümpfe anzieht) Ja, und wenn du der Frau Meyer das Hänschen bringst, dann sag ihr doch, sie möchte dem Milchmann sagen, wir brauchten keine Milch für die nächsten drei Wochen.

Er: (aus der Küche) Du kannst doch die Meyern nicht einfach so mit
       Aufträgen belasten.

Sie: Warum denn nicht? Ich hab mich wirklich genug geplagt. Ich hab
       auch nur zwei Hände und zwei Füße. (Unterbricht sich einen Au-
       genblick beim Nachziehen ihrer Lippen) Steck doch eben 'mal das
       Bügeleisen ein. Ich muß noch schnell über meinen Kostümrock fah-
       ren.

Er: (energisch) Das wirst du nicht tun. Du wirst den Rock anziehen,
       wie er ist. Wir haben nur noch zwanzig Minuten Zeit.

Sie: (zieht einen Flunsch und steigt in den Rock.) Dann knöpf mir 'mal
       eben meine Bluse im Rücken zu, Liebling.

Er: (an den Knöpfen nestelnd) Ausgerechnet eine Bluse mit wenigstens
       40 Knöpfen im Rücken. Ich glaube, bei dir piept's. Ich mach nur je-
       den fünften Knopf zu. Die Zeit reicht sowieso nicht. Nur noch fünf-
       zehn Minuten, bis das Taxi kommt. Ich bin schon jetzt in Schweiß
       gebadet.

Sie: (schlägt sich auf den Mund.) Gebadet — o je, unser Badezeug. Das
       hängt noch vom letzten Sonntag her auf dem Speicher. Bitte geh
       und hol es schnell runter, ja?

Er: (hält sich mit beiden Händen den Kopf und sieht aus, als ob er im
       nächsten Augenblick losjaulen möchte. Dann mit merkwürdig ruhi-
       ger Stimme) Ich nehme nicht an, daß es das letzte ist, was noch
       besorgt werden muß. (Guckt auf die Uhr) Es ist zehn vor eins.
       D i e s e r Zug fährt ohne uns. (Sinkt in einen Sessel) Vielleicht
       schaffen wir es bis morgen um diese Zeit.

Kommentare

Die vorangegangenen Auseinandersetzungen zwischen Eheleuten resul-
tieren daraus, daß einer der beiden Partner in ausgeprägterer Form in
der menschlichen Elementarfähigkeit gestört ist, etwas in Angriff zu nehmen d. h. Initiative zu entwickeln, Ziele ins Auge zu fassen, handlungs-
bereit und in planvoller Weise handlungsfähig zu sein.

Der Ablauf eines gesunden ad-gressiven Verhaltens kann in verschiedenen Phasen entscheidend behindert sein, woraus dann immer eine Beeinträchtigung des aggressiven Gesamterlebens folgt.

So kann ein Mensch schon im ersten Ansatz des aggressiven Strebens gehemmt sein, in der Fähigkeit, überhaupt eigene Handlungsimpulse, Initiative also, zu entwickeln (I n i t i a t i v e l o s i g k e i t). Solche Initiativelosigkeit kann sich in mehr oder minder großem Ausmaß nähren aus illusionären Erwartungen der Art, das alles Wünschens- und Erstrebenswerte von Kräften der Außenwelt zustandegebracht und „herbeigezaubert" wird (a g g r e s s i v e   F e h l e r w a r t u n g e n). Oder ein Mensch ist nur fähig zu handeln, wenn der primäre Anstoß von außen kommt (r e - a k t i v e   A g g r e s s i v i t ä t). Es ist ferner häufig zu beobachten, daß ein Mensch zwar voller Handlungsimpulse steckt, aber durch die Unfähigkeit zu gerichtet-planvollem Vorgehen zum Scheitern bei der Erreichung seiner Ziele verurteilt ist (P l a n l o s i g k e i t).

In den zuvor dargestellten konkreten Fällen sehen die aggressiven Störungen im einzelnen folgendermassen aus:

1. Initiativelosigkeit

Der Kinobesuch

Erste Szene: Das Verhalten der Ehefrau in dieser Szene ist wahrscheinlich repräsentativ für ihr Verhalten in sehr vielen Situationen. Es ist immer wieder der gleiche Mechanismus, der da sozusagen abschnurrt: Sie weiß nicht, was sie selbst eigentlich will. Also läßt sie sich von ihrem Partner ins Schlepptau nehmen in der unbestimmten Erwartung, daß der besser weiß, was sie will, und schon dafür sorgen wird, daß es auch geschieht. Dabei bekommt der andere die Verantwortung für das Ganze aufgebürdet: Er soll etwas zustandebringen, das ihr gefällt. Gelingt das nicht, so wirft sie ihm vor, daß er sich nicht genügend bemüht, daß er versagt hat.

Dieser eingebahnte Mechanismus ist häufiger als vermutet wird der Grund für offene Zerwürfnisse oder schwelende Mißstimmung in der Ehe. Es ist der Mechanismus der Initiativelosigkeit. Initiativelosigkeit ist eine Ausdrucksform aggressiver Gehemmtheit — wobei wir aggressiv im ursprünglichen Wortsinn als ad-gredi, als herangehen verstehen möchten.

Wie kommt es zur Entstehung eines solchen Charakterzuges wie der Entschlußlosigkeit? Zweifellos gibt es von Natur aus, von der angeborenen Wesenskonstante her aktivere und weniger aktive Menschen, solche die mehr zur Expansion und solche, die mehr zum Kontemplativen neigen. Entschlußschwäche und Initiativelosigkeit im Sinne des oben geschilderten Mechanismus sind jedoch immer etwas, das erst unter Umwelteinflüssen entsteht und sich entwickelt. Es sind Erziehungsresultate.

Sie entwickeln sich unter dem Einfluß von Eltern, die alle keimhaften Ansätze von Aktivität und Initiative beim Kind unterdrücken oder aber nicht genügend pflegen und fördern. Das geschieht nur äußerst selten aus Böswilligkeit. Zumeist geben solche Eltern nur die eigene fehlerhafte Erziehung weiter. Sie orientieren sich in ihrem Verhalten den eigenen Kindern gegenüber nach Maßstäben, die sie sich selbst so früh einverleiben mußten, daß sie sie nun für unverbrüchliche und für eingeborene eigene Wesenseigentümlichkeiten halten. Sie verhalten sich so, weil sie einfach nicht wissen und zumeist auch gar nicht wissen können, um welche entscheidenden Lebens- und Wirkkräfte, um welche notwendigen Bedürfnisse es sich handelt bei jenen Regungen ihrer Kinder, die sie erzieherisch unterdrücken.

Wie nun sehen diese Regungen, wie sehen die keimhaften Ansätze zur Aktivität aus?

Etwa mit dem Beginn des zweiten Lebensjahres (siehe auch Seite 39 ff.) beginnt eine kindliche Entwicklungsphase, in der das Kind — mehr und mehr zum Krabbeln, Gehen, Laufen befähigt — an die Dinge heran-geht. Dinge werden in Angriff genommen, woraus zunächst resultiert, daß sie zerbrochen, zerkleinert, auseinandergenommen, zerlegt und somit im Sinne dieses ersten kindlichen Unternehmungsdranges bewältigt werden. Die kindliche Bewegungs- und Betätigungslust dieser Phase ist von starker Dranghaftigkeit und wirkt sich — unter dem Gesichtswinkel der Erwachsenen gesehen — zunächst zerstörerisch aus an den Dingen oder auch an Lebewesen, etwa an Tieren, die das Kind behandelt.

Das Kind erlebt: unbefangen-spielerisches Erproben seiner Kräfte, erste lustvoll-begeisternde Versuche einer motorisch-handelnden Weltbewältigung. Die Eltern dagegen sehen in diesem Verhalten unter Umständen ein rohes und rücksichtsloses zerstörerisches Tun, dem vom Standpunkt der Vernunft und Ethik als Einhalt geboten werden muß — so früh wie möglich. Solche Eltern reagieren also so oder so entsetzt und moralisch abwertend auf das „zerstörerische" Spielen des Kindes. Das Kind aber kommt sich sodann mehr und mehr schlecht, böse, verwerflich, nicht liebenswert vor, wenn Regungen dieser Art sich in ihm rühren.

Auf solche Weise wird die erste Aggression, wird die früheste Initiative zum Handeln beim Kind mehr oder weniger gelähmt. Die Weiterentwicklung der nach Aktivität drängenden Kräfte des Kindes wird eingeengt und beschränkt. Die nächste, die zweite Phase einer gesunden Entfaltung dieser Kräfte wird gar nicht oder nur sehr unvollständig durchlaufen.

Das gesund sich entwickelnde Kind wird in der zweiten Phase mehr und mehr Interesse an der Funktion der Dinge entwickeln und wird daher danach streben, etwas aufzubauen, zusammenzusetzen — kurz konstruktiv zu sein. Dieselben handelnden Kräfte, die sich zunächst destruktiv auswirkten an ihren Objekten, wirken nun zunehmend konstruktiv. Konstruktivität kann sich aber erst entwickeln, nachdem „Destruktivität" zulässig, erlaubt und förderungswert war.

Ein in der Entwicklung dieser Kräfte behindertes Kind wird hernach als Erwachsener nicht oder nur unter Schwierigkeiten fähig sein, handelnd an Menschen und Dinge heranzugehen, initiativebereit, entschlußfreudig und aktiv zu sein. Lahmheit, Passivität, Initiativelosigkeit werden statt dessen für einen solchen Menschen — wie für die Ehefrau dieser Szene — charakteristisch.

Es ist nicht möglich, daß Bedürfnis und Geschmacksrichtung zweier Menschen immer übereinstimmen. Diese Ehefrau kommt nicht einmal auf den Gedanken, daß im Zweifelsfall jeder der beiden Partner einen Film seiner eigenen Wahl besuchen kann. Einer ähnlich erlebenden Frau fiel diese Möglichkeit zum Beispiel deswegen nicht ein, weil für sie ein getrennter Kinobesuch schon beinahe ein Verrat an der ehelichen Gemeinschaft war. Sie verstand unter Ehe: Man muß alles, aber auch alles gemeinsam tun.

Einem Ehemann mit dieser Einstellung war es nicht in den Sinn gekommen, einen anderen ihn wirklich interessierenden Film zu besuchen als den von seiner Frau ausgewählten, weil er sich in bezug auf Freizeit und Vergnügen völlig seiner Partnerin unterstellt hatte. Sie war buchstäblich seine Maîtresse de plaisir, die Meisterin, der er ohne Einwand gehorchte, auch wenn das von ihr ausgewählte Vergnügen für ihn nicht sonderlich vergnüglich war.

Zweite Szene: Die Eheleute in dieser Szene sind beweglicher als jene, von denen eben die Rede war. Aus ihrem „Mut" zur individuellen Initiative, auch um den Preis einer passageren „Trennung", resultiert letztlich mehr Gemeinsamkeit — zum Beispiel im Austausch des Erlebten — als bei den Gemeinschaftssüchtigen.

2. Aggressive Fehlerwartungen

Die Rechnung

Erste Szene: Er gehört auch sonst zu denen, die gerne etwas aufschieben. Doch wer kennt sie schließlich nicht, die reizvolle Verlockung, etwas Lästiges, das zur Erledigung drängt, aus dem Blickfeld und aus dem

61

Gedächtnis zu schieben. Wer das aber gewohnheitsmäßig tut und sogar schädigende Folgen in Kauf nimmt, für den lohnt sich vielleicht die Überlegung, wie es zu dieser Aufschubs-„taktik" kommt.

Um es gleich vorweg zu nehmen: Ein solches Verhalten wurzelt fast immer in vagen Erwartungen nach Art der Heinzelmännchen-Vorstellungen. Das holde Märchen, daß Heinzelmännchen oder ähnlich freundliche Geister, so gutmütig wie emsig, einem unangenehme Aufgaben abnehmen und leidige Pflichten stellvertretend erfüllen, entsteht nicht von ungefähr. Es verarbeitet magische Vorstellungen und Erwartungen, die aus bestimmten Erfahrungen der Kleinstkinderzeit entspringen und sich nähren, aus der Erfahrung, daß einem damals wirklich vieles Unangenehme von den Eltern abgenommen wurde. Gute Geister waren tätig, während das Kind schlief oder selbstvergessen spielte, und sie bewirkten, daß die Stube geheizt, das Spielzeug aufgeräumt, das Hemd gewaschen und die Suppe gekocht war. Mit guten Geistern dieser Art kann der Erwachsene im allgemeinen nicht rechnen. Und die in solchen Zusammenhängen oft geäußerte Bemerkung: Ach, das erledigt sich schon von selber . . . hat nur selten Realitätswert.

Es erledigt sich . . . eben nicht. Denn es ist ein „magisches Es", wie Hans Reimann es nennt. Es ist eine magische, eine irrationale Erwartung zu hoffen, daß Irgendjemand, daß eine freundliche Gottheit oder ein gütiges Geschick uns Menschen Lästiges abnimmt oder Unangenehmes für uns erledigt.

Freilich sind solche Erwartungen eine weit verbreitete Erscheinung. Wer kennt zum Beispiel nicht das gelegentliche Erstaunen, mit dem man feststellt, daß diese oder jene Arbeit tatsächlich noch nicht getan ist. Ernüchtert kommt man zu dem Ergebnis, daß sie noch nicht fertig sein kann, weil man sie eben noch nicht fertiggestellt hat. Auch hier hat sich eine Heinzelmännchen-Vorstellung eingeschlichen: Es wäre doch so schön, wenn . . .

Zweite Szene: Doch so schön es auch wäre . . . die Realität behält recht; und wer sie nüchtern ins Auge faßt wie der Ehemann in dieser Szene, geht letztlich freundlicher mit sich um als der Realitätsleugner. Die spielerische Phantasie braucht deshalb nicht beschnitten zu werden; im Gegenteil, statt in den Kanälen kindlich gebliebener Erwartungen dahinzutreiben, kann sie dazu verhelfen, mit der oft unleidlichen Realität geschickter, gewitzter und einfallsreicher umzugehen.

62

3. Reaktive Aggressivität

Wir gehen ins Theater.

Sie hat durchaus recht. Hetze und Überstürzung zerstören das Fluidum, das feierlich, heiter oder freudig, je nachdem, vom Alltag zu einem festlichen Ereignis überleitet. Die Vorbereitungen zu einer Festlichkeit, ganz gleich welcher Art, gehören zur Gesamtsituation dazu. Ohne das Stimmen der Instrumente gelingt kein harmonisches Konzertieren. Ohne das „Stimmen" der eigenen Empfänglichkeit — wie sollte das in Hetze möglich sein — kommt es nicht zu genußvollem Aufnehmen.

Man sollte sich deshalb für die Vorbereitungen eine zeitliche Spielbreite einräumen. Braucht man erfahrungsgemäß eine Viertelstunde zum Umziehen und eine Viertelstunde für die Fahrt, so wäre es gemütlicher, sich mindestens drei Viertelstunden vor Festbeginn an den Kleiderschrank zu bequemen. So läßt man auch all den kleinen Zufälligkeiten Raum, den unvorhersehbaren, als da sind ein Schnürsenkel, der reißt, verlegte Manschettenknöpfe oder auch ein nicht anspringender Motor, und nimmt ihnen ihre manchmal zur Verzweiflung treibende Tücke. Wenn jemand aber zu anfänglichem Trödeln und nachfolgender Hetze neigt, so ist eine Mahnung nur sinnvoll, wenn sie rechtzeitig erfolgt und nicht erst im letzten Augenblick wie in unserem Fall.

Der Ehemann dieser Szene ist also ein Trödler, wenn wir annehmen wollen, daß er nicht nur dieses Mal, sondern überhaupt oft zu spät kommt oder gerade noch in letzter Minute ans Ziel erreicht. Ein Trödler, ein Saumseliger, ein Mensch, der nur unter äußerem Druck aktiv wird, der nur dann Initiative entfaltet, wenn die Umstände oder wenn andere ihn dazu drängen. Ein Mensch, der nicht spontan — aus eigenem Antrieb — aktiv ist, sondern nur re-aktiv, auf fremden Antrieb hin. Ein Getriebener also und kein Handelnder.

Wie soll man sich das Milieu vorstellen, in dem solche Menschen aufgewachsen sind? Eigenwilligkeit und Initiative galten nicht viel in ihrer Kinderstube. Anpassung und Gehorsam waren dagegen höchste Tugenden. Ein Nein gegenüber elterlichen Geboten war nicht vorgesehen; so kam es auch nicht zu einer ausgeprägten Trotzphase, wie ein gesundes Kind sie im zweiten und dritten Lebensjahr durchläuft. Unter solchen Einflüssen tun diese Kinder dann zwar alles, was die Eltern von ihnen fordern. Aber ihr Tun und Handeln bleibt an diese Voraussetzung gebunden. Sie sind nur dann aktiv, wenn es von ihnen verlangt wird. Sie handeln nur re-aktiv auf Anordnung und Befehl hin. Sie brauchen zeitlebens einen Aufpasser, einen Vorarbeiter, der ihnen die Impulse zum Handeln gibt. Sie setzen sich nur nach Aufforderung und unter Druck in Bewegung und dann zumeist verständlicherweise widerwillig, so wie unser Ehemann. „Immer pressiert es dir", mault er.

In diesem Widerwillen steckt jener Trotz, jene Auflehnung gegen den Fremdwillen und damit der Keim des Eigenwillens, den er niemals unbefangen und ohne Schuldgefühle erleben durfte. Wer in entsprechenden Situationen nicht unbefangen einen Wider-willen äußern kann, tut das Geforderte oft nur wider-willig.

4. Planlosigkeit

Wir verreisen.

Was erlebt die Ehefrau dieser Szene? Es wird ihr kaum zum ersten Mal passiert sein, daß sie sich durch ihre Planlosigkeit etwas verdirbt. Warum kann sie ihr doch offenkundig unzweckmäßiges Verhalten nicht korrigieren?

Die Antwort auf diese Frage: Sie w i l l dieses Verhalten gar nicht abstellen oder ändern. Sie ist vielmehr geradezu stolz darauf. Und ihr Stolz spricht nicht von Planlosigkeit und Schusseligkeit, sondern vom Improvisieren-können, vom Erfassen des Augenblicks, von „genialer Ader". Die anderen, die Vorausdenkenden und detailliert Planenden, werden als kleinlich und pedantisch, als ungenial erlebt. „Das muß man doch aus dem Augenblick heraus gestalten". — „Wozu planen? Ich lasse mich von der Situation inspirieren." — „Das bezaubernde Spiel mit den Möglichkeiten möchte ich niemals aufgeben." So wird aus voller Überzeugung argumentiert, wenn man den Versuch unternimmt, Menschen dieser Art zur Besinnung über ihre improvisierten Pannen und zu einem planvollen Verhalten zu bewegen.

Solche Äußerungen leiten zur nächsten Schicht im Erleben dieser Menschen, zu dem, was hinter dem Stolz steckt. Man stößt auf enorme Erwartungen und Ansprüche, die solche Menschen an sich selbst richten. Sie erwarten von sich, alles im Handumdrehen zu können, jede Situation auf Anhieb zu meistern. Sie beanspruchen, alles bereits zu wissen und zu können. So etwas wie Vorbereitung oder auch Übung oder Training ist nicht nötig. Es wäre geradezu kränkend, darauf angewiesen zu sein, wäre Zeichen einer ungenialen Langsamkeit.

In einer weiteren von diesen Ansprüchen überdeckten Erlebnisschicht findet man das eigentliche Unvermögen dieser Menschen, die Not, aus der mit dem Improvisieren-können eine Tugend gemacht wird. Es ist die Unfähigkeit, eine Situation denkend vorzubereiten, planend zu erfassen und entsprechend der eigenen Planung konsequent handelnd zu gestalten.

Solche Kinder wurden in ihrer frühen Entwicklung vor allem daran gehindert, eine Lage zunächst denkend und durchdenkend zu begreifen, um sie sodann planend zu meistern. Sie konnten nicht jene Fähigkeit entwickeln, die Goethe „exakte sinnliche Phantasie"* nennt — das vorwegnehmende Erfassen einer Handlung und ihrer Konsequenzen mit Hilfe der Einbildungs- und Denkkraft. Die Fähigkeit, beim ersten Anspringen eines Handlungsimpulses diesen nicht gleich „auf Touren zu bringen" das heißt in die Tat umsetzen, sondern zunächst einen „Hiatus" (A. Gehlen)**, einen Spannungsbogen zu entwickeln, der getragen wird von Phantasie und Verstand, von der Vorstellung und vom Denken im Sinne des Probehandelns. Ein Mensch, der über diese Fähigkeit verfügt, wird sich, bevor er handelt, zunächst einmal im Sinne der Betrachtung einstellen, kontemplativ also. Er wird sich eine Vorstellung bilden von der Situation, der er gegenübersteht, und von den Möglichkeiten, sich in dieser Situation zu verhalten.

Solchen Menschen wie der Ehefrau der vorangegangenen Szene wurden in ihrem Kindheitsmilieu, das von einer flirrenden Unruhe erfüllt war, nicht Zeit, Ruhe und Anleitung zu gelassener Betrachtung und Überlegung geboten. Vater oder Mutter oder auch beide waren entweder selbst von einem schlechtgesteuerten planlosen Betätigungsdrang beherrscht, einer kopflosen Aktivität, die dem Kinde einerseits ein schlechtes Vorbild war und es andererseits in den Sog solcher Planlosigkeit hineinriß. Oder einer der Eltern, vielleicht auch beide, waren dem Kinde gegenüber von einem überwertigen Ehrgeiz besessen und bedrängten es mit der Erwartung, daß es alles gleich wissen, können, vollbringen müsse — eben auf Anhieb und ohne zu zögern — ohne nachzudenken, ohne schrittchenweise zu erfüllenden Plan, ohne vorsichtiges Probieren und stufenweises Training.

Es handelt sich um Erwartungen, wie sie poetisch von Goethe in der Gestalt des Euphorion (II. Teil des Faust) und in dessen Geschick verdichtet wurden. Es versteht sich wohl von selbst, daß im Folgenden nur e i n e Facette dieser reichhaltigen Gestaltung erfaßt wird.

Dieser Euphorion, ein Kind des Faust und der Helena, springt — kaum geboren —

> „von der Frauen Schoß zum Manne,
> Von dem Vater zu der Mutter" und sogleich
> „auf den festen Boden".

---

* J. W. v. Goethe: „Ernst Stiedenroth, Psychologie zur Erklärung der Seelenerscheinungen."
** A. Gehlen: „Der Mensch", Athenäum-Verlag Bonn, 1955, S. 56 ff.

Alsdann

> „hüpft er auf die Masse dieses Felsens, von der Kante
> Zu dem andern und umher so, wie ein Ball geschlagen
> springt."

Schon kurze Zeit später „welch Erscheinen!"

> „In der Hand die goldne Leier, völlig wie ein kleiner Phöbus,
> Tritt er wohlgemut zur Kante, zu dem Überhang; wir staunen!"

„Ich will, daß die anderen über mich staunen — immer, in jedem Augenblick, um jeden Preis", sagte eine unter den genannten Bedingungen aufgewachsene Patientin.

Das Geschick des Euphorion wird schließlich zu dem des Ikarus.

> „Doch! — und ein Flügelpaar
> Faltet sich los!
> Dorthin! Ich muß! Ich muß!
> Gönnt mir den Flug!"

So wirft er sich von der Felsenkante in die Lüfte. „Die Gewande tragen ihn einen Augenblick." Doch dann „stürzt er zu der Eltern Füße."

In ähnlicher Weise brechen die meist in strahlendem Aufschwung begonnen Unternehmungen so gestörter Menschen oft nach kurzer Zeit kläglich zusammen.

Im Gegensatz dazu wird ein Mensch stehen, der sich dem Gesetz unterworfen fühlt, daß er „in einer Welt, in der er gleichsam allein ist, auf seine eigenen Tritte und Schritte achtgeben, sich vor jeder Übereilung hüten, seinen Zweck stets im Auge haben soll, ohne doch selbst auf dem Wege irgendeinen nützlichen oder schädlichen Beistand unbemerkt vorbeizulassen", daß „er auch da, wo er von niemand so leicht kontrolliert werden kann, sein eigener strengster Beobachter sein und bei seinen eifrigsten Bemühungen immer gegen sich selbst mißtrauisch sein soll."[*]

Ein solcher Mensch kommt dann — im Extremfall — vor lauter Vorsicht und Bedenklichkeit nicht mehr zum Handeln und ist insbesondere unfähig zu elastisch-geschmeidiger Anpassung an plötzlich veränderte Umstände. Ihm mangelt, was die zuvor geschilderten im Überfluß besitzen.

---

[*] J. W. v. Goethe: aus „Der Versuch als Vermittler von Objekt und Subjekt."

B. Schwierigkeiten auf dem Gebiet der Durchsetzung und Selbstbehauptung

1. Einstellungen und Wertungen gegenüber aggressiven Impulsen

Ärger über den Chef (Erste Szene)

Mittags. Er kommt eben aus dem Geschäft nach Hause und erscheint in der Küche, wo sie das Essen bereitet. Er kocht sichtlich vor Ärger. Beide Hände in den Hosentaschen läuft er zwischen Tür und Fenster hin und her.

Er: Ich hab mich heute furchtbar über den Chef geärgert.

Sie: Wieso denn?

Er: Während der Abteilungsleiterkonferenz; da hat er mich vor sämtlichen Kollegen abgekanzelt wie einen Schuljungen. Ich hätte ihm am liebsten eine runtergehauen. Dieser Idiot der, dieser arrogante Affe, dieser, dieser . . . (Schüttelt beide Fäuste)

Sie: Was hast du ihm denn erwidert?

Er: Gar nichts. Was sollt ich ihm schon sagen in so'ner Situation? Sollt ich mich vor allen Leuten mit ihm streiten?

Sie: Das ist eben dein Fehler. Du nimmst widerspruchslos alles hin und läßt dir jede Behandlung gefallen. Eines kannst du mir glauben: *Mir* würde dein Chef sowas nicht bieten, *mir* nicht. Ich hätt ihm gesagt, (klopft dabei heftig auf die Schnitzel, die sie zum Braten vorbereitet) Herr Direktor, hätt ich gesagt, Sie sind mein Vorgesetzter. Sie haben das Recht, mich zu kritisieren. Aber sie haben nicht das Recht, mich zu beleidigen. Und dann hätt ich das Lokal verlassen.

Er: Du hättest es natürlich richtig gemacht. Du bist ja so stark — hinterher. Hör bloß auf!

Sie: (beleidigt) Wenn dir an meinem Rat nichts liegt, kann ich ja auch schweigen. Aber komm mir in Zukunft bloß nicht wieder mit deinem geschäftlichen Ärger! Ich will nichts mehr davon hören. (Wirft die inzwischen panierten Schnitzel ins zischende Fett, daß es spritzt. Er verläßt die Küche und knallt die Tür hinter sich zu.)

Ärger über den Chef (Zweite Szene)

. . . Beide Hände in den Hosentaschen läuft er zwischen Tür und Fenster hin und her.

Er: Ich hab mich heute furchtbar über den Chef geärgert.

Sie: Wieso denn?

Er: Während der Abteilungsleiterkonferenz; da hat er mich vor sämtlichen Kollegen abgekanzelt wie einen Schuljungen. Ich hätt ihm am liebsten eine runtergehauen. Dieser Idiot der, dieser arrogante Affe, dieser, dieser . . . (Schüttelt beide Fäuste.)

Sie: Ich bitte dich, wie redest du denn? Das ist ja beängstigend, wie unbeherrscht du bist. Hoffentlich hast du dich dem Chef gegenüber zusammengenommen.

Er: Natürlich! Meine Frau vergeht immer gleich vor Angst. Kuschen soll ich wie ein geprügelter Hund. Du kannst übrigens beruhigt sein: Ich hab heute geschwiegen, leider. Demnächst laß ich mir noch ins Gesicht spucken.

Sie: (gekränkt) Ich mein es doch nur gut mit dir. Jeder muß heutzutage was einstecken und lernen, seinen Ärger runterzuschlucken. Du kannst doch um Gotteswillen nicht deine Stellung gefährden. Denk an die Kinder!

Er: Ach, laß mich in Ruhe mit deiner ewigen Ängstlichkeit. (Verläßt die Küche)

Ärger über den Chef (Dritte Szene)

. . . .

Er: Während der Abteilungsleiterkonferenz; da hat er mich vor sämtlichen Kollegen abgekanzelt wie einen Schuljungen. Ich hätt ihm am liebsten eine runtergehauen. Dieser Idiot der, dieser arrogante Affe, dieser, dieser . . . (Schüttelt beide Fäuste)

Sie: Das kann ich dir nachfühlen. Mich hätt es auch gewurmt — vor der ganzen Korona.

Er: Das ist es ja eben. Wenn er's mir noch unter vier Augen gesagt hätte. Schließlich ist er mein Chef. Aber so! Ich könnt jetzt noch aus der Haut fahren.

Sie: Ich hab 'ne Idee. Wir gehen vor dem Essen noch ein Stück spazieren und bereden den Kram. Wart noch einen Moment. Ich stell eben das Gemüse warm.

Beim Spaziergang. Er schweigt anfangs und peitscht mit einer abgebrochenen Gerte die Baumstämme am Weg. Dann.

Er: Wie kann man diesem Kerl nur beibringen, daß er einen nicht vor allen Leuten anschnauzt? Mit Meyer hat er's neulich genau so gemacht.

Sie: Sprich doch einfach mal mit ihm darüber, wenn ihr allein seid und er gerade gut gelaunt ist.

Er: Meinst du?

Sie: Sicher. Wenn du es ihm in der richtigen Form sagst — warum nicht?

Er: Das werd ich auch tun. Ich wehre mich ja gar nicht gegen Kritik. Im Gegenteil. Schließlich will ich von seiner größeren Erfahrung auch profitieren. Aber die Form soll er sich überlegen. Unter vier Augen — gut! Aber nicht vor versammelter Mannschaft.

Die Ohrfeige

Zu Hause. Zwischen ihr und ihm tobt ein heftiger Streit. Auf beiden Seiten wird erbittert gekämpft. Nachdem es ihr einige Male gelungen ist, seine empfindlichste Stelle zu treffen, da passiert es: Er gibt ihr eine Ohrfeige. Sie erstarrt.

Er: (über sich selbst erschreckt) Das hab ich nicht gewollt. Entschuldige bitte vielmals. Mir ist einfach die Hand ausgerutscht.

Sie: (eisig) Schon gut. (Verläßt das Zimmer)

Während der nächsten Tage herrscht eine überaus kühle Witterung zwischen den beiden. Sie verhält sich betont korrekt. Ihre Gesten sind beherrscht, ihre Worte — sofern sie überhaupt spricht — sind überlegt und überlegen. Jede Spontanität auf ihrer Seite ist abgeriegelt. Die Blumen, die er ihr am Tag nach dem „Unglücksfall" brachte, hat sie mit abgewandten Augen und unbewegter Miene kühl-höflich dankend entgegengenommen. Eines Abends:

Er: Du, Jutta, ich hab den Eindruck, du trägst mir immer noch die Ohrfeige nach. Ich weiß, es hätte nicht passieren dürfen. Es tut mir wirklich leid. Bitte, sei mir nicht mehr böse.

Sie: (kühl) Ich weiß nicht, wovon du sprichst. (Mit einer zudeckenden Handbewegung) Die Sache ist vergessen.

Kommentare

In den vorangegangenen Szenen handelt es sich um Reaktionen des einen Partners auf aggressives Verhalten des anderen. Es wird dargestellt, wie Ehefrauen in dieser Hinsicht provozierend, überängstlich-dämpfend, mit eisiger Ablehnung oder aber auch in einem vernünftigen Sinne bejahend auf die Aggressivität des Partners reagieren können. Vernünftige Bejahung heißt: dem Partner helfen, seine aggressiven Affekte zielgerichtet und kulturüblich zum Ausdruck zu bringen.

Diese Reaktionen sind jeweils Signale für G r u n d e i n s t e l l u n - g e n   u n d   g e n e r e l l e   W e r t u n g e n   g e g e n ü b e r   d e r   A g - g r e s s i v i t ä t   im menschlichen Erleben und Verhalten, sind Ausdruck dafür, ob das kämpferische Element bejaht, abgelehnt oder überbetont wird.

Ärger mit dem Chef

Er kommt mit mühsam gestautem Ärger über seinen Vorgesetzten nach Hause. Wie reagiert sie darauf?

Im *ersten Fall* will sie ihm nur ihre Überlegenheit beweisen und unterläßt es, verständnisvoll auf ihn einzugehen. Drastisch gibt sie ihm zu verstehen, daß s i e die Situation natürlich gemeistert hätte. Damit trifft sie sein ohnehin schon lädiertes Selbstwertgefühl und steigert dadurch seine Wut, bis er nur noch Rot sieht.

Was geschieht im *zweiten Fall?* Anstatt dem Partner die Möglichkeit zu gönnen, seinem Herzen Luft zu machen, engt sie ihn in seinen aggressiven Regungen noch mehr ein. Während in der ersten Szene die Frau ihren Mann eher zu einer überheftigen Aggression verleiten will — um ihren eigenen aus anderen Gründen gestauten Ärger auf diese Weise abzureagieren —, geschieht hier gerade das Gegenteil: Die Frau versucht den Partner zu einer noch stärkeren Einschränkung seiner Selbstbehauptung zu veranlassen, entsprechend ihrer eigenen Gehemmtheit in diesem Bereich. Das Ergebnis ist das gleiche: Das Manometer an seinem seelischen Dampfkessel zeigt kletternde Werte.

Ganz anders verhält sich die Ehefrau der *dritten Szene.* Antriebsfreundlich bestätigt sie zunächst seinen Affekt und überlegt dann mit ihm, wie er — vernünftig — dem Affront des Chefs begegnen könne.

Wut, Zorn, Ärger und alle sonstigen Affekte sind an sich weder gut noch böse. Es kommt darauf an, was der einzelne Mensch aus ihnen macht, wozu er sie einsetzt, wie er diesen „Rohstoff" gestaltet. Weder wilde, ungezügelte und ungerichtete Aggressionen noch gefügiges Hinnehmen und Hinunterschlucken werden letztlich befriedigen.

Erstere können eine zwischenmenschliche Beziehung ernstlich gefährden. Letzteres wird auf die Dauer häufig mit einer psychogenen Symptomatik bezahlt. Im ersten Fall wird zu wenig Rücksicht auf die anderen, im zweiten Fall zu wenig Rücksicht auf sich selbst genommen. Das eigentlich erstrebenswerte Ziel — Selbstbehauptung im Rahmen der Gemeinschaft und bei Wahrung der zwischenmenschlichen Verbundenheit — wird nicht erreicht.

Befriedigen kann zumeist nur, wenn es gelingt, sich in vernunftgesteuerter Weise durchzusetzen. Eine vernünftige Steuerung aber wird immer auch den anderen und seine voraussichtlichen Reaktionen mitberücksichtigen und mit einbeziehen.

Die Ohrfeige

Vielleicht ist spürbar, wie vernichtend ihre Reaktionsweise ist: Mit vornehmem Schweigen über die Entgleisung des anderen hinwegzusehen, sich hinter eine Korrektheit zurückzuziehen, die vor eisiger Abwehr starrt. Denn ihre kühle Gelassenheit ist nur Fassade. Dahinter — in ihrem Innern — findet sie seine Tätlichkeit so ungeheuerlich, so ganz und gar unmöglich, daß ein solcher Mann für sie eigentlich erledigt ist. Sie kann ihm einfach nicht verzeihen.

Freilich ist eine Ohrfeige ein ungewöhnliches Mittel der Auseinandersetzung zwischen erwachsenen Leuten — besonders wenn sie verschiedenen Geschlechts sind —, und ganz und gar in der Ehe. Der Betroffene wird niemals erfreut sein, vielmehr befremdet, beleidigt, empört, wütend, erbittert, erschüttert — je nachdem. Aber andererseits kann doch jedem der Gaul einmal durchgehen. Jeder hat irgendwo seine empfindlichen Stellen, bei deren Berührung er hochgeht, wie von der Tarantel gestochen.

Solche „eindrucksvollen" Vorfälle kann man nicht so ohne weiteres vergessen, man kann sie jedoch — vielleicht — verzeihen. Denn Vergessen und Verzeihen ist nicht ein und dasselbe. Die Ehefrau in dieser Szene zum Beispiel versucht die Ohrfeige zu vergessen oder, genauer gesagt, sie versucht, ihre Reaktion auf die Ohrfeige zu unterdrücken: ihr Gekränktsein, ihren Ärger, ihre Wut, vielleicht auch den Impuls zurückzuschlagen.

Sie ist in ihren aggressiven Strebungen gehemmt; sie ist ein Mensch, der sich nicht in einem ausreichenden Maß unbefangen durchsetzen und behaupten und sich gegen Übergriffe anderer verteidigen kann. Dieser Frau würde nicht einmal die Idee kommen, in einem solchen Fall eventuell blitzschnell zurückzuschlagen. Bitte kein Mißverständnis: Es soll natürlich nicht einer im wörtlichen Sinne schlagenden Auseinandersetzung zwischen Ehepartnern das Wort geredet werden. Aber es gibt zum Beispiel auch das, was man Schlagfertigkeit nennt. Diese Frau ist nicht bereit zu schlagen, ist nicht schlag-fertig. In ihr Weltbild paßt aufgrund früher Erlebensprägungen eine Ohrfeige oder auch ein entsprechender heftiger Affekt („Ich könnte dich umbringen im Moment") einfach nicht hinein.

Sie kann ihm die Ohrfeige nicht verzeihen, deswegen weil sie sich selbst einen solchen Impuls so wenig zubilligen würde, daß er in ihrem Erleben gar nicht erst auftauchen darf. Aus diesem Grunde versucht sie auch seine Ohrfeige nachträglich sozusagen zu tilgen, sie ungeschehen zu machen, eben weil diese Tat in Zeit und Ewigkeit nicht zu vergeben ist.

Fähig zum Verzeihen ist nur der aggressiv Ungehemmte, der von der eigenen Bereitschaft her im allgemeinen in der Lage ist, sich durchzusetzen und sich zu verteidigen. Er kann deswegen versöhnlich sein, weil er die Menschennatur in sich und dem anderen kennt, weil er weiß, daß in jedem Menschen die Möglichkeit zu unüberlegtem affektiven Tun liegt.

Eben deswegen kann er den Menschen — sich selbst ebenso wie den Partner —nehmen und akzeptieren wie er ist, auch dann, wenn er einmal entgleist. Weil er diese Entgleisungen akzeptieren kann, hat er andererseits auch die Freiheit, sich dagegen zu wehren. Die Fähigkeit zur Selbstbehauptung und Verteidigung ist die Voraussetzung dieser toleranten Einstellung.

2. Neurotische Nachgiebigkeit und Übergefügigkeit

Der Gang zum Arzt

Er und sie nachmittags beim Kaffee. Sie ist für denselben Nachmittag zu einer gynäkologischen Untersuchung bestellt, die ihr sehr unangenehm ist.

Sie: (trinkt hastig ihren Kaffee aus und steht auf. Nachdrücklich) Ich kann dir leider nicht länger Gesellschaft leisten. Ich muß mich jetzt fertig machen.

Er: Ja richtig, du willst ja heute zu Dr. Hanold.

Sie: (etwas scharf) Was heißt hier „willst"? Ich w i l l weiß Gott nicht, ich m u ß. Meinst du, das ist ein Vergnügen?

Er: (beschwichtigend) Na, na, wird schon nicht so schlimm werden. Heut abend ist alles vergessen.

72

Sie: (spitz) Das dürfte wohl von der Diagnose abhängen, die der Doktor stellt. Wiedersehen. —

Am selben Tag beim Abendessen:

Er: Nun, du Arme! Hast du's hinter dir? Was hat der Doktor denn gesagt?

Sie: (abweisend) Ach, nichts Besonderes. Eine Geschwulst, wie ich befürchtete, ist es nicht. Es ist eine Entzündung, die aber ungefährlich sein soll. Er hat mir was aufgeschrieben.

Er: Na siehst du! Es ist also gar nicht so schlimm. Gottlob! Aber was machst du denn für ein Gesicht? Hast du dich geärgert?

Sie: (abweisend) Wieso? Nein, nein.

Er: Du hast bestimmt irgendwas auf der Seele. Ich seh's dir doch an.

Sie: Nein, nein. Es ist nichts.

Während des Abends müht er sich verschiedentlich, mit ihr in ein Gespräch zu kommen. Sie aber reagiert immer nur einsilbig und abweisend.

Er: (energisch) Jetzt reicht es mir aber, Luise. Spuck schon aus, was du gegen mich hast, anstatt dazusitzen wie eine gekränkte Leberwurst. Das ist ja unerträglich!

Sie: (schwer beleidigt) So, dir reicht es. Ich möchte mal wissen wieso. Schließlich hat d i r niemand etwas getan. M i r reicht es — m i r !

Er: Ja wieso denn? Worum geht es denn um alles in der Welt?

Sie: (schluchzend) Das ist es ja gerade, daß du gar nicht merkst, wenn du dich häßlich mir gegenüber benimmst.

Er: Ich mich häßlich benommen? Wieso denn? Nun sag doch schon!

Sie: (verreibt sich die Tränen im Gesicht.) Ich — ich muß zu dieser gräßlichen Untersuchung und ich muß immer dran denken, daß es vielleicht Krebs sein könnte. Und du — du machst daraus einfach eine Bagatelle. Du versuchst überhaupt nicht, dir vorzustellen, wie einer Frau dabei zumute ist, und du denkst gar nicht daran — was doch naheliegt — mich zum Doktor zu begleiten.

Er: Aber Luise, du hättest doch nur ein Wort zu sagen brauchen. Ich wäre bestimmt mitgegangen.

Sie: Wenn man erst bitten muß um etwas, das sich von selbst verstehen sollte. Nein, dann verzichte ich.

Er: Und wenn du dich schon mal über mich geärgert hast — warum rückst du nicht gleich damit heraus? Stattdessen sitzt du stundenlang mit Leidensmiene da und verdirbst uns beiden den Abend.

Das Haushaltsgeld (Erste Szene)

Der Monatserste. Er hat ihr gerade das Haushaltsgeld für den beginnenden Monat gegeben und zwar in Höhe der bisherigen Beträge.

Sie: Du, ich brauche aber unbedingt 50 Mark mehr als sonst. Das Geld hat bisher nie gereicht, und ich habe praktisch immer mein ganzes Taschengeld dazugelegt, um auszukommen.

Er: Aber hör mal, so einfach geht das nicht. Ich kann dir diesmal unmöglich mehr geben. Ich hab doch natürlich auf die alte Summe disponiert.

Sie: (starrt ihn wütend an.) Monatelang habe ich geschwiegen. Monatelang quäle ich mich herum und opfere mein Taschengeld, damit du morgens deinen Bohnenkaffee und mittags dein Fleisch auf dem Tisch hast. Und du? Du berufst dich auf deine Dispositionen, wenn ich endlich den Mund aufmache. Aber ich laß mich nicht länger so schäbig behandeln. Ich nicht. Verstehst du! Ich nicht! Oh, ich könnte . . . (Nimmt eine Vase, die auf seinem Schreibtisch steht, und knallt sie auf die Erde)

Er: (jetzt auch wütend) Wie soll ich denn ahnen, daß du mit dem Geld nicht auskommst. Ich bin doch schließlich kein Hellseher. Warum machst du den Mund denn nicht früher auf? Und im übrigen hab ich es satt, daß du alle vierzehn Tage einen Wutanfall bekommst und Porzellan zerschlägst, das nicht nur dein Eigentum ist. Hörst du? Ich hab es satt, gründlich satt!

Sie: (kauert in einem Sessel und kaut an ihrem Taschentuch herum. Schließlich zerknirscht) Es tut mir furchtbar leid, du. Und die Vase ersetz ich von meinem Taschengeld. Und überhaupt: Es war das letzte Mal. Es wird bestimmt nicht wieder vorkommen. Bestimmt nicht.

Das Haushaltsgeld (Zweite Szene)

. . . .

Sie: Du, mit dem bisherigen Betrag kann ich unmöglich auskommen. Butter und Fleisch sind schon wieder teurer geworden, und die Gemüse- und Obstpreise sind geradezu unverschämt in diesem kalten Sommer. Entweder gibst du mir 50 Mark mehr oder wir müssen uns im Ganzen ein bißchen einschränken. Das geht natürlich auch. Wir trinken nur noch sonntags Bohnenkaffee. Es gibt nur dreimal Fleisch in der Woche statt fünfmal, und statt Butter essen wir Margarine.

Er: (verzieht das Gesicht.) Nee, du, möcht ich nicht. Da geb ich dir lieber mehr... Wenn ich nur wüßte, wie man das Loch stopfen könnte. Hast d u eine Ahnung?

Sie: Ich weiß nicht... Wir könnten natürlich beim Einkauf von Kleidung und solchem Kram noch mehr aufpassen. Die Preisdifferenzen zwischen den einzelnen Geschäften sind oft enorm. Na, und wenn wir nur e i n m a l in der Woche ins Kino gehen... ginge auch.

Der Sonntagsausflug (Erste Szene)

Sonntag nachmittag. Er und sie, die jung verheiratet sind, vor dem Haus im Auto, startbereit zu einer Fahrt irgendwohin.

Sie: Ich bin dafür, daß wir nach Roggenhausen fahren. Das ist nicht allzuweit, und wir können bei der Gelegenheit bei Hartwigs reinschauen. Die haben doch den hübschen Staudengarten. Ihr Rittersporn und ihre Lupinen müssen jetzt herrlich sein.

Er: Nach Roggenhausen? Kommt überhaupt nicht in Frage. Wir fahren nach Gerstenberg.

Sie: Ich seh gar nicht ein, warum es nach d e i n e m Kopf gehen soll. I c h will nach Roggenhausen.

Er: Nach wem geht es denn sonst? Immer richt ich mich nach dir. Immer und überall geb ich dir nach. Und wenn du dich auf den Kopf stellst — heute geschieht, was i c h will.

Sie: Warum bist du denn auf einmal so häßlich? So kenn ich dich gar nicht. Das kann ja ein reizender Nachmittag werden.

Der Sonntagsausflug (Zweite Szene)

. . . .

Sie: Also ich möchte gern nach Roggenhausen... und bei Hartwigs reingucken. Die haben doch den hübschen Staudengarten. Ihr Rittersporn und ihre Lupinen müssen jetzt herrlich sein. Hast du Lust?

75

Er: Eigentlich nicht. Gelegentlich gern; aber heute möcht ich lieber nach Gerstenberg. Die Straße hat wenig Verkehr, und von den Bergen hat man einen schönen Weitblick. Die Luft ist heute selten klar. Einverstanden?

Sie: Na gut, aber laß uns bitte die Fahrt nach Roggenhausen nicht allzulange aufschieben. Sonst sind die Stauden verblüht.

Er: Bei schönem Wetter von mir aus am nächsten Sonntag. Melde uns doch ruhig schon bei Hartwigs an. Sonst kommen wir am Ende vor verschlossene Türen.

Kommentare

Diese drei Szenen zeigen das Erscheinungsbild von Ehepartnern, die eigenwillige Regungen und die dazugehörigen Gemütsbewegungen wie zum Beispiel Ärger und Zorn nicht oder nicht rechtzeitig spüren und ausdrücken. Es handelt sich um Menschen, die sich weitgehend an die Wand drücken lassen, die ihre Selbstbehauptungsstrebungen verdrängt, also aus ihrem bewußten Erleben ausgeschaltet haben. Gemeinsam ist ihnen ferner, daß die verdrängten und damit gestauten Durchsetzungswünsche in ungewollter, ungesteuerter, entstellter Form sich dennoch durchsetzen.

Übertriebene Nachgiebigkeit und übergroße Gefügigkeit sind immer auch von ihrem Gegenteil in Form von eigensinniger Sturheit, von Jähzornswallungen oder etwa auch der Haltung einer „gekränkten Leberwurst" kontrapunktiert — nach dem Gesetz der Gegensatzpaare, wie es im Einleitungskapitel dieser Studie dargestellt wurde.

Diese Szenen stehen unter dem Motto: Was nicht ausgetragen wird, wird nachgetragen. Für den Träger einer gesunden elastischen Nachgiebigkeit gilt: Ich kann auch nachgeben — deswegen, weil ich mich in vitalen Belangen durchsetzen oder einen tragbaren Kompromiß schließen kann. Für den neurotisch Nachgiebigen dagegen heißt es: Ich muß nachgeben, eben weil ich mich nicht behaupten kann oder weil ich zu inadäquaten und daher beängstigenden Reaktionen neige, wenn ich es doch einmal versuche.

Der Gang zum Arzt

Sie fühlt sich durch seinen Mangel an Fürsorge tief gekränkt. Wahrscheinlich ist dadurch einer ihrer verwundbarsten Punkte getroffen. Es könnte hierzu erörtert werden, daß sie ihn besser sofort um seine Begleitung gebeten hätte, anstatt mit stummen Anspruch zu erwarten, daß er ihren Wunsch errät.

Doch diese kleine Szene soll etwas anderes beleuchten. Sie zeigt, wie unterdrückte Aggressionen sich in der Ehe auswirken. In diesem Fall geht es nur um ein paar Abendstunden, die verpatzt wurden und die doch erfreulich hätten verlaufen können. Oft genug aber steht viel mehr auf dem Spiel.

Unsere Ehefrau hier hat ihren Ärger über das Verhalten des Partners zwar verschluckt, aber nicht verdaut. Sie hat ihn unterdrückt, aber nicht verarbeitet. Er ist nicht aus der Welt geschafft und treibt im Sinne feindseliger Stimmung und kühler Abwehr ein unkontrollierbares Spiel.

Hätte sie ihren Ärger gleich ausgesprochen und den Partner ausdrücklich beschimpft, so wäre der Abend nach dieser Auseinandersetzung vielleicht harmonisch verlaufen. Da sie es unterließ, mußte sie den nicht ausgetragenen Ärger nachtragen.

Aggressionsgehemmte Menschen sind immer nachtragend. Sie schleppen ihre unterdrückten und damit gestauten Affekte wie Wut, Zorn, Ärger mit sich herum — in Form von Feindseligkeit, von abwehrender Kühle oder auch in Form von körperlichen Beschwerden (z. B. Kopfschmerzen). Was Wunder, wenn der Kontakt zwischen den Partnern, wenn der eheliche Frieden und die häusliche Harmonie leiden.

Das Haushaltsgeld

Erste Szene: Die Ehefrau unseres ersten Gesprächs kannte nicht das richtige „Rezept" für solche Situationen, das Rezept: Wehr dich beizeiten! Sie hat nicht rechtzeitig voll registriert, wie sehr es ihr gegen den Strich ging, dauernd ihr Taschengeld für den Haushalt zuzusetzen. So sammelte sich gleichsam unterirdisch Ärger an, der sich irgendwann zwangsläufig ein Ventil schaffen muß, und in diesem Fall als Jähzorn eruptiv entweicht. Darauf folgt die Zerknirschung, die Scham über den Jähzornsanfall und der Vorsatz, sich zu bessern, das heißt dem andrängenden Groll künftig nicht mehr nachzugeben. Solche Vorsätze aber bedeuten noch stärkere Unterdrückung der sowieso gehemmten eigenen Selbstbehauptungsimpulse und müssen daher bei nächster Gelegenheit unweigerlich wieder zum Zornausbruch führen. Der Weg zur Hölle ist mit guten Vorsätzen gepflastert, mit f a l s c h e n guten Vorsätzen. Der richtige gute Vorsatz würde an den Ursachen des gestauten Ärgers ansetzen — also dort, wo man sich an die Wand drücken ließ, wo man übergefügig war.

77

Zweite Szene: Die Partnerin der zweiten Szene rührt sich beizeiten, ohne sich zunächst gefügig zu übernehmen und dann eines Tages zu explodieren. Der Ehemann wird über den realen Sachverhalt rechtzeitig informiert, so daß in gemeinsamer Beratung eine beiden zusagende Lösung erreicht werden kann.

Der Sonntagsausflug

Erste Szene: Im ersten Falle lassen er und sie einen Sonntagsnachmittagsausflug, ein Vergnügen und damit etwas, das man sozusagen spielerisch regeln könnte, zu einer Prinzipien- und Machtfrage werden. Wie kommt es dazu?

Er ist im allgemeinen geneigt nachzugeben, das heißt, er ist übergefügig. Über diese gewohnheitsmässige Nachgiebigkeit oder Übergefügigkeit ist er im Grunde, ohne es selbst zu merken, verärgert. Der angesammelte Ärger hat sich allmählich verdichtet und drängt als Sturheit und Eigensinn zum Durchbruch. Solche Menschen wurden in der Kindheit oft zu absolutem Gehorsam erzogen. Gehorsam galt als erste Pflicht des Kindes. Eine echte Eigenwilligkeit konnte sich auf diese Weise nicht entwickeln. Der unterdrückte Eigenwille bricht sich dann bei irgendeinem oft nur nichtigen Anlaß in der geballten Form des Eigensinns Bahn.

Ein eigensinniger Ehemann also! Und seine Partnerin? Sie gehört offenbar zu jenen Frauen, die ihren Mann gern in der Hand haben, um ihn mehr oder weniger sanft, mehr oder weniger nachdrücklich zu lenken. Sie ist, scheint's, eine domineering woman, wie die Amerikaner sagen, eine herrschsüchtige Frau. Sie würde dieses Attribut — domineering, herrschsüchtig — wahrscheinlich entrüstet zurückweisen und würde zu belegen versuchen, daß sie es doch nur gut meine mit ihrem Mann, wenn sie ihn ein wenig „bemuttere". Trotzdem lassen sich fast immer Bemächtigungstendenzen aufdecken, wenn man nach den hintergründigen Motivationen solchen Verhaltens forscht.

Eine so geartete Herrschsucht tritt vor allem bei Frauen in Erscheinung, die ihren Geltungsdrang zu wenig in der Welt verwirklichen können. Es klingt paradox: Aber solche Frauen können sich oft ihrem Ehemann und ausschließlich diesem gegenüber in eben dem Maße durchsetzen, wie sie anderen Menschen gegenüber unsicher und nachgiebig sind. Im Grund sind sie fast immer überweich und übergefügig, diese „dominierenden" Ehefrauen. Die in der Welt im weiteren Sinne, also in den über die Ehe hinausgreifenden Bezirken nicht oder nicht genügend verwirklichten Geltungstendenzen setzen sich kompensatorisch besonders stark dem Partner gegenüber durch.

Freilich darf sich, wie gesagt, der gestaute Geltungsdrang auch in diesem Beziehungsfeld nur verkleidet realisieren: Er gilt nicht als legitim und darf daher nicht unter eigener Flagge segeln. „Ich meine es nur gut mit meinem Mann, wenn ich ihn ein wenig führe und bemuttere. Er braucht das." So etwa kann die Selbsttäuschung dieser Frauen aussehen. Doch wehe, wenn der Bemutterte sich der führenden Hand entziehen und nicht folgen will. Mehr oder weniger heftige Entrüstung ist die Folge. Sie ist ein sicheres Zeichen dafür, daß es der Frau nicht so sehr um das Wohlergehen des Partners, sondern daß es ihr im Grunde um Bemächtigung und Herrschsucht geht. Natürlich sind diese Verhaltensformen auch bei Männern zu beobachten.

Es gibt nicht wenige Menschen — Frauen wie Männer —, die beleidigt sind, wenn ein anderer ihrem Rat nicht folgt. Sie sind gekränkt, weil man ihren in wohlmeinenden Rat gehüllten Machtanspruch nicht anerkennt. Auch hier geht es um entstelltes Macht- und Geltungsstreben.

Bei den Frauen vom dominierenden Typ, wie er in unserer Szene erscheint, handelt es sich übrigens oft um im Grunde besonders vitale Frauen mit einem ausgeprägten Bedürfnis nach „Raumverdrängung" das heißt nach Selbstentfaltung, Einflußmöglichkeit und Geltung. Der Raum, den ihnen die heutige Kleinfamilie und der typische moderne Haushalt in dieser Hinsicht bietet, genügt den in ihnen bereitliegenden Wirkkräften oft nicht. So müßten sie sich eigentlich noch eine zusätzliche Beschäftigung beruflicher oder gesellschaftlicher Art oder auch im Sinne einer Liebhaberei suchen, um sich das ihnen adäquate Maß an Geltung und Anerkennung zu verschaffen. Andernfalls pervertiert ihr gestauter, im Grunde gesunder Geltungsdrang in eine ungesunde Bemächtigungstendenz, die sich vor allem auf die nächstliegenden „Objekte" richtet — auf den Ehemann und auch auf die Kinder.

Zweite Szene: Im zweiten Fall verfügen beide Partner über eine gesunde, das heißt elastische Eigenwilligkeit, frei von jeder Sturheit, die immer zu einem Machtkampf, zu einem Tauziehen im Sinne eines Entweder-Oder führen muß. Sie einigen sich über ihre unterschiedlichen Wünsche im Sinne eines Sowohl-Als auch.

3. Fehlgeleitetes aggressives Verhalten

a. Versteckte Herrschsucht

Die Pantoffeln

Er kommt abends von der Arbeit nach Hause. Seit dem frühen Morgen ist Tauwetter. Regen und schmelzender Schnee haben den schmalen Vorstadtweg, der zu seiner Wohnung führt, aufgeweicht. Die Frau steht an der Korridortür, die Filzpantoffeln in der Hand.

Sie: Zieh sofort die Schuh aus! Du bringst ja einen fürchterlichen Dreck mit. Hast du dich überhaupt abgetreten?

Er: Ein schöner Empfang — mit den Pantoffeln gleich an der Tür.

Sie: D u mußt ja auch die Böden nicht saubermachen. Wenn ich nicht aufpasse, kann ich jeden Tag zweimal die Wohnung durchputzen.

Er: Wozu eigentlich? Ich verlang doch wirklich nicht, daß die Fußböden ständig blitzblank sind. Dies ist schließlich eine Wohnung und kein Museum.

Sie: Ich kann es nun mal nicht haben, wenn nicht alles tipptopp ist bei mir.

Er: (steigt resigniert in seine Pantoffeln.) Ja, leider.

Nichts als Schlamperei!

Er kommt abends vom Dienst nach Hause und läuft erregt durch die Wohnung.

Er: Wo ist meine Hausjacke? Ich hatte sie heute morgen ans Hakenbört im Schlafzimmer gehängt.

Sie: (beruhigend) Da hängt sie ja auch noch. Dein Bademantel hängt darüber.

Er: Der Bademantel gehört nicht auf denselben Haken. Und dann: Im Wohnzimmer steht dein offener Nähkasten, und die Couch liegt voller Flickzeug. Das ist ein Wohnzimmer und keine Nähstube. Pack doch deine Sachen zusammen, wenn du fertig bist.

Sie: (wütend) Du bist ein gräßlicher Tyrann. Ich möchte mal wissen, ob du im Amt auch so herummeckerst.

Er: (überlegen) Im Amt ist das nicht nötig. Da herrscht peinlichste Ordnung. Aber hier: Schlamperei, wohin man sieht.

80

b. Eigenmächtigkeit

Das Moped (Erste Szene)

Abends nach der Mahlzeit. Er und sie jeder in einem Sessel, mit einem Buch beschäftigt.

Er: (plötzlich über den Buchrand hinweg) Du, ich hab mir heute ein Moped gekauft. Es steht schon im Keller.

Sie: (läßt entgeistert das Buch sinken) Und das hast du mir nicht gesagt? Ich versteh dich einfach nicht.

Er: Soll ich dir etwa ein Bittgesuch vorlegen, ehe ich mir für mein, wohlgemerkt für m e i n Geld etwas anschaffe?

Sie: Du siehst gar nicht, worum es geht. Natürlich kannst du über dein Geld verfügen und dir meinetwegen auch ein Moped kaufen; aber mich so einfach zu übergehen bei allem, was du vorhast, das kränkt mich. Ist denn das gar nicht zu verstehen?

Das Moped (Zweite Szene)

. . . .

Er: (legt plötzlich sein Buch hin.) Du, gerade fällt mir ein, ich würde mir gern ein Moped kaufen. Was meinst du dazu?

Sie: (legt ihr Buch gleichfalls nieder.) Warum nicht? Wenn das Geld reicht. Ich könnte so'n Ding ab und zu auch ganz gut gebrauchen.

Er: Na klar! Die Bedienung soll zudem kinderleicht sein — idiotensicher.

Sie: Hast du dich denn schon erkundigt, wieviel so'n Vehikel kostet?

Er: Ja, etwa 1000 Mark. Das könnten wir gerade verkraften — vielleicht in zwei Raten.

Sie: Soviel ich weiß, gibt es verschiedene Typen. Ob die alle gleich gut sind? Übrigens haben Krauses sich im vorigen Monat eins angeschafft. Soll ich mal fragen, ob sie damit zufrieden sind?

Er: Ja, tu das. Ich werde mich auch noch mal umhören.

Über seinen Kopf hinweg

Er und sie beim Abendessen.

Sie: Heute nachmittag rief Burmeister an. Du warst gerade zur Bibliothek gegangen. Ich hab ein bißchen mit ihm geschwatzt und ihn für morgen abend eingeladen — zum Essen. Damit du mit ihm über deine Arbeit sprechen kannst. Du wolltest ihn doch bitten, sie in seiner Zeitschrift unterzubringen.

Er: (legt sein Besteck hin) Burmeister? Morgen zum Essen? Sehr
freundlich von dir und sehr typisch. Warum fragst du mich eigentlich nie, bevor du so etwas veranstaltest?

Sie: Warum hätt ich das tun sollen? Ich wußte doch, daß du morgen
abend zu Hause bist und nichts besonderes vorhast.

Er: (lehnt sich in seinen Stuhl zurück und klopft bei aufgestütztem
Handgelenk nervös mit den Fingern auf das Tischtuch.) So, das
wußtest du? Vielleicht steht mir der Sinn an diesem Abend aber
gar nicht nach Herrn Burmeister. Vielleicht möcht ich auch nur mit
dir zusammen sein. Vielleicht . . . Kannst du Gedanken lesen?

Sie: Du liebe Zeit, was für Haarspaltereien! Seit Wochen redest du davon, daß du diesen Burmeister sprechen mußt. Ich verschaff dir
eine Gelegenheit dazu, ich spar dir Zeit und Mühe. Und du be-
schwerst dich, anstatt mir dankbar zu sein. Dabei leb ich doch nur
für dich und deinen Kram.

Er: (richtet sich auf und schlägt mit der flachen Hand auf den Tisch.)
Herrgott nochmal, nun begreif doch endlich! Ich will einfach nicht,
daß du dich über meinen Kopf hinweg in meine Angelegenheiten
mischst. Du hättest doch sagen können, daß ich ihn anrufen würde.
Und hast du nicht daran gedacht, daß Burmeister es womöglich als
zudringlich empfindet, wenn wir ihn mir nichts dir nichts zum
Abendessen einladen und ihm dabei ein Anliegen auftischen? Wir
kennen den Mann doch kaum. Auf jeden Fall hättest du eine Ak-
tion, die mich betrifft, erst mit mir besprechen müssen.

Sie: (guckt ihn verständnislos an.) Natürlich! Warum denn einfach, wenn
es auch umständlich geht. Du bist und bleibst für mich ein Phänomen.

In der nächsten Nacht hat sie folgenden Traum, den sie am anderen Tag
ihrer Masseuse erzählt.

Sie: Also, Frau Rose, stellen Sie sich das mal vor: Ich bin in meinem
Schlafzimmer. Da kommt ein Mann herein — groß, kräftig, ein
wahrer Muskelprotz — und wir beginnen, miteinander zu ringen.
Immer, wenn ich meine, ihn unter mir zu haben, befreit er sich
wieder und drückt mich zu Boden. Der Kampf wogt unentschieden
hin und her — bis ich schließlich aufwache. Träumen Sie auch solch
komisches Zeug, Frau Rose?

Frau Rose, eine ältere selbständige Frau von freundlicher Gelassenheit,
verneint. Dergleichen sei ihr selbst im Traum noch nicht vorgekommen.

c. Bemächtigungsdrang

Wir fahren nach Hamburg.

Er und Sie beim Frühstück.

Er: (beiläufig, aber bestimmt) Morgen fahren wir nach Hamburg. Ich hab dort allerlei zu erledigen. Abfahrt etwa um acht Uhr.

Sie: Wie lange bleiben wir denn?

Er: Wahrscheinlich werd ich bis zum Abend fertig. Dann fahren wir morgen gleich wieder zurück. Richte dich aber auf alle Fälle aufs Übernachten ein und pack für mich die gelbe Tasche.

Sie: Ja, ja, ist recht.

Er: (mit musterndem Blick) Du mußt aber heute unbedingt noch zum Friseur. Dein Haar ist hinten viel zu lang.

Sie: (greift sich mit einer Hand in den Nacken.) Ja, es wird Zeit.

Er: Wir werden wahrscheinlich mit Webendörfer in der Stadt zu Mittag essen. Bankier Webendörfer! Der Mann ist sehr wichtig für mich. Sei ein bißchen nett zu ihm — natürlich auch nicht zu nett. Aber d i e Gefahr besteht ja kaum bei dir.

Sie: (Guckt ihn ängstlich an.)

Er: Na ja, also geh ein bißchen auf ihn ein! Versuch, amüsant zu sein! Auf jeden Fall sitz nicht immer wie ein Schulmädchen da, das nur redet, wenn es gefragt wird. Du kannst oft schrecklich apathisch wirken.

Sie: (ergeben) Ich will mir Mühe geben.

Wir sind nach Köln berufen.

Er und sie — er ist Dozent für Musikwissenschaft an der Universität — sind bei Bekannten eingeladen.

Gastgeberin: Sie lesen doch über die Entwicklung von der Suite bis zur Sonate — für Hörer aller Fakultäten. Ist die Vorlesung gut besucht?

Darauf sie: (strahlend) Es ist geradezu enorm, gnädige Frau. Wir mußten in einen anderen Hörsaal umziehen, weil der anfänglich vorgesehene zu klein war. Die Art meines Mannes findet großen Anklang, wirklich!

Gastgeberin:	Wie erfreulich! Worüber werden Sie denn im nächsten Semester lesen, Herr Doktor? Ich würde sehr gerne teilnehmen. Im Winter hab ich mehr Zeit.
Sie:	Mein Mann liest im Winter über das Kunstlied von Johann Sebastian Bach bis Hugo Wolf — vorausgesetzt, daß wir dann noch hier sind. (Stolz) Wir haben nämlich einen Ruf nach Köln bekommen.
Er:	(sanft) Ich würde auch gern mal was sagen, Irene.
Sie:	Wieso? Laß ich dich etwa nicht zu Wort kommen? Und stimmt nicht, was ich gesagt habe.
Er:	(begütigend) Nein, Liebling, es stimmt alles. (Zur Gastgeberin) Es ist sehr nett für mich, daß meine Frau an meinem Beruf so lebhaft Anteil nimmt.

Die Fürsorgliche

Er hat seinen Stammtischabend und macht sich zum Weggehen fertig.

Sie:	Willst du etwa so gehen — mit einer blauen Krawatte zu einem grünen Hemd? Die Farben beißen sich, daß man Zahnschmerzen kriegt. (Geht an seinen Kleiderschrank und wählt eine Krawatte aus) Hier, nimm diese!
Er:	(wechselt schweigend die Krawatte.)
Sie:	Und benimm dich einigermaßen anständig. Es ist nicht nötig, daß du die andern mit deinen Clownerien unterhältst. Die reden nachher nur über dich und erzählen es ihren Frauen. Und komm spätestens um Eins nach Hause. Du mußt morgen wieder früh ins Geschäft. (Überlegend) Ja, Georg, und trink nicht so viel. Denk an dein Herz. Dr. Schmidt hat mir ausdrücklich gesagt, du solltest nicht soviel trinken. Zuviel Flüssigkeit im Körper überlastet den Herzmuskel. Eigentlich müßtest du diesen Stammtisch überhaupt aufgeben.

Als er kurz nach zwölf heimkommt, ist sie noch auf.

Sie:	Na, wie war's denn? Worüber habt ihr geredet?
Er:	Gott, wie soll's schon gewesen sein? Nett wie immer.
Sie:	Habt ihr wieder in großen Tönen Lokalpolitik getrieben?
Er	(ärgerlich) Nun laß mich aber in Ruh! Ich hab übrigens scheußliche Kopfschmerzen. Wo sind denn die Tabletten?

84

Sie: Siehst du, jetzt hast du Kopfschmerzen. Das kommt vom Blutandrang zum Gehirn. Sicher hast du wieder zuviel getrunken. Dieser Stammtisch ist noch dein Tod. Leg dich gleich hin. Ich mach dir eine Kompresse und bring dir eine Tablette und ein Glas Zuckerwasser. Das beruhigt. Du gehst wirklich leichtsinnig mit deiner Gesundheit um. Ich muß noch viel mehr auf dich achtgeben.

d. Feindselige Haltung

Die Intrigantin (Erste Szene)

Er und sie haben kürzlich einen Hausball besucht. Er hat viel getanzt auch mit anderen Frauen, besonders aber mit der Gastgeberin. Einige Tage später macht sie bei den Gastgebern einen Besuch:

Sie: Ihr Fest war reizend. Wirklich! Ich habe mich selten so gut amüsiert. Ich genieße so etwas immer sehr. Schade, daß mein Mann sich nicht viel aus Geselligkeit dieser Art macht.

Gastgeberin: (hebt verwundert-betroffen den Kopf.)

Gastgeber: Dann scheint er am Sonntag mal eine Ausnahme gemacht zu haben. Er war doch geradezu ausgelassen. Er hat auch viel getanzt und zwar mit wirklichem Vergnügen. Ich hatte wenigstens den Eindruck.

Sie: (beiläufig) Ja, ich weiß. Aber das trügt. Er paßt sich eben an. Er macht mit, um nicht aufzufallen. In Wirklichkeit lehnt er solche Vergnügungen ab. Gott, ich kenne ihn schließlich.

Gastgeberin: (nachdenklich) Komisch! Wie man sich täuschen kann! Das hätt ich nicht vermutet.

Die Intrigantin (Zweite Szene)

Er bewirbt sich um eine Stellung in demselben Betrieb, in dem sie als Abteilungsleiterin arbeitet. Eines Tages kommt der Personalchef zu ihr.

Personalchef: Es wird Ihnen ja sicher kein Geheimnis sein, Frau Hoffmann, daß unser Verkaufsdirektor eine Entlastung braucht und daß wir einen Vertreter für ihn suchen, also einen Leiter seines Vorstandsbüros. Sie wissen natürlich auch, daß Ihr Mann sich um diese Stelle beworben hat.

	Nun ja, wir haben seine Bewerbungsunterlagen geprüft, und der Eindruck war günstig. Seine Einstellung ist so gut wie sicher. Ich denke, das wird Sie freuen.
Sie:	Das ist ja ausgezeichnet. Ich bin überzeugt, daß Sie diesen Entschluß nicht bereuen werden. Ich kenne kaum einen Menschen, der so verantwortungsbewußt ist wie mein Mann, so gründlich – gründlich fast bis zur Pedanterie.
Personalchef:	(aufhorchend) Wie soll ich das verstehen?
Sie:	Na ja, er ist sehr vorsichtig im Abwägen seiner Entschlüsse. Dazu sein Bildungsniveau, seine Umgangsformen, sein Charakter, seine Erfahrungen, seine bisherigen Erfolge. Entschuldigen Sie, daß ich ihn so ausdrücklich lobe. Aber er ist ja schließlich mein Mann, nicht wahr?
Personalchef:	(beunruhigt) Sagten Sie nicht eben, daß er zögernd in seinen Entschließungen ist – also sozusagen entschlußschwach? Wir brauchen einen Mann mit Durchsetzungsvermögen, Frau Hoffmann.
Sie:	Mein Mann ist sicherlich dieser Mann, Herr Direktor. Es ist doch gut, wenn einer die Hürden nicht im Sturm nimmt. Allzu viel Schwung kann doch geradezu gefährlich sein. Oder?
Personalchef:	(schaut auf die Uhr.) Ich muß jetzt abbrechen, Frau Hoffmann. Ich habe gleich eine Konferenz. (Im Weggehen) Unser Gespräch war mir sehr wertvoll, sehr aufschlußreich. Auf Wiedersehn!

Die Intrigantin (Dritte Szene)

Sie ist Chefsekretärin in einem größeren Betrieb. Für den kommenden Samstag ist ein Betriebsausflug geplant – eine Dampferfahrt auf dem Rhein.

Direktor:	Ich brauche wohl nicht zu erwähnen, Frau Lenz, daß Ihr Gatte uns am Samstag ein gern gesehener Gast sein wird – vorausgesetzt, daß es ihm Spaß macht, dabei zu sein.
Sie:	Vielen Dank, Herr Direktor. Aber ich glaube kaum, daß er zusagen wird, er steckt bis über beide Ohren in Arbeit.
Direktor:	Nun, dann ist eine Atempause ja besonders nötig. Vielleicht entschließt er sich doch.
Sie:	Ich fürchte nein. So sehr ich es auch bedaure.

Am Abend zu Hause.

Sie: Am Samstag startet also unsere Dampferfahrt. Hoffentlich ist das Wetter gut. Übrigens meinte mein Chef, daß man dir wohl kaum zumuten könnte, da mitzumachen. So mit Krethi und Plethi. Das wäre wohl nicht nach deinem Geschmack — meinte er.

Er: (stutzend) Woher will d e r denn über meinen Geschmack Bescheid wissen? Er kennt mich doch kaum. Du, ich finde das etwas merkwürdig.

Sie: Das ist doch kein Grund zur Aufregung. Das Ganze ist halt eine Betriebsangelegenheit. Mehr intern, weißt du. Du hättest sicherlich nichts davon.

Kommentare

Die Auseinandersetzung der Eheleute in den vorangegangenen Szenen ist dadurch charakterisiert, daß jeweils einer der Partner den anderen als eigenständiges Wesen, als Subjekt, nicht oder nicht genügend ernst nimmt, sondern vielmehr als Objekt auf diese oder jene Weise zu manipulieren versucht.

Im Falle der v e r s t e c k t e n H e r r s c h s u c h t maskiert sich der Beherrschungswille als Sauberkeits- und Ordnungsliebe. Im Falle der E i g e n m ä c h t i g k e i t, die leicht mit Eigenwilligkeit verwechselt wird, handelt der Betreffende, ohne den Partner einzubeziehen, willkürlich über dessen Kopf hinweg.

Die Reihenfolge der Szenen wird durch den Schweregrad der Manipulierungstendenzen bestimmt. So vollzieht sich im B e m ä c h t i g u n g s - d r a n g ein Verhalten, das über die Eigenmächtigkeit noch hinausgeht: Der Träger dieses Verhaltens schiebt den anderen wie eine Schachfigur auf dem Feld seiner Interessen und Zielsetzungen hin und her.

Sind diese drei Haltungen, soweit sie in Permanenz geübt werden, für das eheliche Zusammenleben schon prekär genug, so wirkt sich die Dauereinstellung einer f e i n d s e l i g e n H a l t u n g, besonders, wenn sie sich in Form der Intriganz manifestiert, für eine Partnerschaft geradezu verderblich aus.

Der gesunde Selbstbehauptungswille schließt die gleichzeitige Rücksicht auf den freien Willen und die Belange des Partners ein. In den pervertierten Formen dieser vitalen Strebung setzt der Betreffende seinen Willen durch — bewußt absichtlich oder unbewußt-reflexhaft — ohne diese Rücksicht zu nehmen.

a. Versteckte Herrschsucht

Die Pantoffeln

Nichts gegen die Sauberkeit! Aber man kann auch des Guten zuviel tun. Es gibt Frauen, die werden von übertriebenen Sauberkeitsvorstellungen regiert, ja versklavt, wobei Gemütlichkeit und Behagen unweigerlich schwinden. Ihrem Zwang zur Sauberkeit müssen sich auch die anderen beugen. Sie hat den Putzteufel, heißt es. Sie ist von einem Teufel besessen oder in anderen Worten: Sie wird von einem Prinzip geritten.

Solche Menschen stammen aus einem Elternhaus, in dem Sauberkeit und Ordnung höchste Werte gewesen sind. Sauberkeit und Ordnung galten nicht als Mittel zu lebensdienlichem Zweck, sondern waren Werte an sich. Es ging nicht darum, die Dinge durch Ordnung überschaubarer und handlicher werden zu lassen, sondern Sauberkeit und Ordnung wurden überwertig, wurden zum Werkzeug einer Tyrannei über den Menschen, anstatt seinem Wohlergehen zu dienen.

Im konkreten Fall kann eine solche Atmosphäre dann etwa so aussehen: Das Kind hat draußen mit seinen Freunden Fußball gespielt und kommt nun nach Hause mit dreckigen Knien, schmutzverkrusteten Schuhen und verschwitztem Haar. Die Mutter empfängt es mit den Worten: „Gott, wie du wieder aussiehst! Du bist doch ein richtiges Schwein. Du solltest dich schämen, so rumzulaufen. Ein so großer Junge!" Davon wie es dem Kinde draußen ergangen ist, mit wem es denn gespielt hat und ob das Fußballspielen „pfundig" gewesen ist — davon ist keine Rede. Die Mutter ist nur interessiert an der sauberen Erscheinung des Kindes. Die Freude am Spiel, die kameradschaftliche Verbundenheit mit den Gefährten — das alles bleibt unerwähnt, unbeachtet und ist damit entsprechend entwertet.

Wenn ein Kind dauernd solchen mütterlichen Einwirkungen ausgesetzt ist, dann übernimmt es langsam aber sicher diese Wertungen. Auch sein eigenes Erleben und Verhalten wird allmählich geprägt durch die Einstellung: Es kommt im Leben nicht oder weniger auf die Freude an einer Tätigkeit und auf die Verbundenheit mit den anderen an, sondern es geht vornehmlich darum, sauber, makellos, ohne Flecken zu sein.

Darüber hinaus wird das Prinzip der Sauberkeit zu einem Mittel, um den anderen unter Druck zu setzen, sich seiner zu bemächtigen, ihn mehr oder weniger zu beherrschen. Wenn Sauberkeit zum Prinzip wird, so sind fast immer verborgene Herrschgelüste daran beteiligt.

Eine Frau mit einer ähnlichen Grundhaltung wie die Partnerin unserer Szene gab — nach einer länger dauernden analytischen Behandlung —

vor sich selbst solche Gelüste zu Sie meinte: „Irgendwie bedeutet es mir eine Genugtuung, meinem Mann zu sagen: Nun räum aber endlich mal deinen Schreibtisch auf — oder: Lauf doch nicht immer mit deinen dreckigen Schuhen auf meinem sauberen Boden herum. Wenn er dann wirklich aufräumt oder die Schuhe auszieht und säubert, dann hab ich so ein Gefühl der Macht über ihn. Dann hab ich ihn einmal richtig in der Hand."

Es wäre mißverstanden, daß unsere Empfehlung dahingeht, Straßenschmutz in der Wohnung zu verteilen. Wir möchten nur die Aufmerksamkeit darauf lenken, daß nicht so selten Herrschgelüste sich im Gewand der Sauberkeitsliebe verstecken und daß so gewandete dominierende Tendenzen eines Partners das Klima einer Ehe wahrscheinlich nicht günstig beeinflussen.

Nichts als Schlamperei!

Auch die Ordnung ist wie die Sauberkeit ein segensreiches Prinzip, solange man es in der Hand hat und nicht davon geritten wird. Die Sprache unterscheidet zwischen Ordnungsliebe und Ordnungswut. In dem Wort Ordnungswut hat sich sprachlich die Erfahrung niedergeschlagen, daß es eine Form des Ordnungsstrebens gibt, die Wut beinhaltet, das heißt unverarbeitete Aggressionen — Aggressionen, die sich der Ordnung bedienen, sich dabei aber aus anderen Quellen speisen als aus denen des Ordnungsstrebens.

So bezeichnet die Ehefrau unserer Szene ihren Mann als Tyrannen. Sie erfaßt damit instinktiv richtig, daß an dieser Art von Ordnungswahrung — ähnlich wie auch bei der überwertigen Sauberkeit — tyrannische, herrschsüchtige Tendenzen beteiligt sind. Mit Hilfe seiner Ordnungsvorstellungen versucht dieser Mann, andere Menschen zu dirigieren und zu beherrschen.

Die Entwicklungsgeschichte eines solchen Charakterzuges, der Ordnungswut, sieht ähnlich aus wie im Fall des übertrieben auf Sauberkeit versessenen Menschen. Ordnung war — vom Vater, von der Mutter oder von beiden her — ein allbestimmendes Lebensprinzip.

Wenn das Kind spielte, wenn es dabei alle Spielsachen aus Fächern und Schubladen räumte und im Zimmer verstreute, wenn es sich auf diese Weise eine bunte phantasieanreizende Spielwelt schuf, dann bedeutete das dem Kind eine Fülle vielfältiger Möglichkeiten, dem Ordnungssüchtigen dagegen ein heilloses Durcheinander. „Wie das hier wieder aussieht", hieß es. „Räum doch das eine Spielzeug erst weg, ehe du mit etwas anderem anfängst. Das ist ja der reinste Saustall. Komm bloß nicht zum Essen, ohne daß du vorher alles wieder weggeräumt hast" ... „Du sagst, du möchtest auf die Straße, weil es aufgehört hat zu regnen? Kommt gar nicht in Frage, solange hier nicht tadellose Ordnung herrscht."

Wenn ein Kind dauernd — jahraus, jahrein — in dieser und ähnlicher Weise ermahnt, gerügt, kritisiert wird, dann koppeln sich in seiner Lebenspraxis spielerische Betätigung und Ordnungszwang in verderblicher Weise. Jede Lust am Spielen wird untrennbar verknüpft mit dem Zwang zur Ordnung. Das Kind erlebt: Spielen heißt Ordnung machen, heißt aufräumen müssen. Im Endresultat schließlich verkehrt sich der Zusammenhang zwischen Ordnung und Spiel: Das Spiel ist da um der Ordnung willen, das Aufräumen und säuberliche Verwahren der Spielsachen ist das wichtigste — nicht das phantasievolle und aktive Umgehen damit.

Wenn ein solches Kind dann herangewachsen ist, kommt es unter Umständen vor lauter Bleistiftspitzen nicht mehr zum Zeichnen, oder es geht ihm wie jener Hausfrau, die den ganzen Vormittag von dem Gedanken erfüllt war, daß sie die Speisen möglichst ästhetisch anrichten und den Tisch korrekt decken müsse. Wenn sie dann mit ihrem Mann glücklich am vorbildlich gedeckten Tisch vor den mustergültig angerichteten Speisen saß, dann kam sie weder dazu, das Essen, noch die Gegenwart ihres Mannes zu genießen, sondern hatte nur den einen Gedanken, die Mahlzeit möglichst schnell zu beenden, um — ebenfalls zügig und schnell — das Geschirr zu spülen und in sauberem Zustand mustergültig und exakt in Fächer und Schränke wieder einzuräumen.

Wenn ein Kind dagegen zuerst und vor allem einmal die Lust am Spielen erleben und üben darf — die Lust am Spielen, wozu auch die Lust am wahllosen Auspacken und Verteilen seiner Schätze, an ihrem bunten und reiz-vollen Durcheinander gehört, dann ist es im allgemeinen auch zur Ordnung zu erziehen. Diese Art Ordnung ist aber Mittel zum Zweck; sie dient dem Spiel, dem schaffenden und schöpferischen Umgehen mit den Dingen. Das Kind erlebt: Wenn ich von meinen Spielsachen, mit denen ich mich so herrlich beschäftige, längere Zeit etwas haben will, so muß ich mich auch um ihre Pflege kümmern. Wenn ich sie ohne Zeitverlust und Ärger immer gleich finden und zur Verfügung haben will, dann muß ich sie geordnet und übersichtlich unterbringen. Auf solche Weise lernt ein Kind, die Ordnung zu schätzen, es wird ordnungs-liebend.

Der Ehemann unserer Szene steht unter dem Diktat eines starren Ordnungsprinzips. Er ist gleichsam ein Ordnungs-Funktionär, tyrannisiert als solcher seine Frau und erlebt, daß er auf diese Weise Macht über sie ausüben kann, während er sonst im Leben zurückhaltender, anpassender und unterwürfiger ist, als es seiner Natur entspricht. Er macht sich ein unbefangenes Zusammenleben mit seiner Frau schwer, wenn nicht unmöglich.

Es ist nicht leicht, Ordnungswut in Ordnungsliebe zu verwandeln. Es ist nur möglich, wenn man zunächst den Wutanteil, das heißt die versteckten Machttendenzen als solche seinem Erleben zugänglich macht und sie zielgerichtet zum Beispiel im Beruf realisiert. Es ist nur möglich, wenn man hernach oder auch gleichzeitig die Ordnung dem Spiel unterstellt, der Freude am Tätigsein, am Zusammenspiel mit den anderen.

Die Auffassungen von Ordnung und Sauberkeit sind bei den einzelnen Völkern recht verschieden. Eine besonders hohe aber auch gleichzeitig sehr lebendige Meinung von beiden Prinzipien haben die Teemeister des japanischen Teekultes. Kakuro Okakura berichtet in seinem „Buch vom Tee",* daß ein Teemeister niemals die Wassertropfen an einer Blumenvase wegwischen würde, „denn sie mahnen die Phantasie an Tau und Kühle."

Beispielhaft für die japanische Auffassung von Ordnung und Sauberkeit ist auch jene Geschichte von dem berühmten Teemeister Rikyu, der seinen Sohn beauftragte, den zum Teeraum führenden Gartenweg zu fegen und zu sprengen. Als der Sohn mehrmals dem Vater das Ergebnis seiner Arbeit vorgewiesen hatte und jedesmal mit den Worten: „Nicht rein genug", gerügt worden war, ergab sich zwischen beiden folgendes Gespräch, das im Wortlaut dem „Buch vom Tee" entnommen ist: Der Sohn sagte: „Vater, es ist nichts mehr zu tun. Die Stufen sind schon zum dritten Male gewaschen, die Steinlaternen und die Bäume gut abgesprengt, Moos und Flechten leuchten in grüner Frische; ich ließ auch keinen Zweig und kein Blatt auf dem Boden." — „Närrischer Junge", schalt der Teemeister, „auf diese Weise soll man keinen Garten fegen" — sagte es und ging hinab in den Garten, schüttelte einen Baum, daß die goldenen und roten Blätter über den Garten hinstoben, Fetzen herbstlichen Brokats! Was Rikyu wollte, war nicht Sauberkeit allein, sondern auch das Schöne und das Natürliche."

b. Eigenmächtigkeit

Das Moped

Erste Szene: Die hier vertretene Einstellung des Ehemannes ist eine falsch verstandene Selbständigkeit. Sie ist zudem meistens nicht einmal echt, sondern dient nur als Abschirmung einer dahinter verborgenen Angst. Im Grunde fürchtet er, daß die Partnerin mit der getroffenen

---

* Kakuzo Okakura: „Das Buch vom Tee", Insel-Bücherei Nr. 274, Seite 45 u. 46

Entscheidung nicht einverstanden sein und ihm vielleicht das Projekt zerstören könnte.

Es handelt sich um eine Schein-Selbständigkeit. Für diesen Mann heißt eigenständig sein: Ich tue eigenmächtig und „hintenherum", was ich will und möchte. Ich frage den andern — zum Beispiel meine Frau — lieber erst gar nicht nach ihrer Meinung und Stellungnahme. Dann erspare ich mir Auseinandersetzungen. Dann brauche ich mir nicht durch Einwände und Bedenken zusetzen zu lassen, brauche nicht für meine Wünsche und Pläne zu argumentieren, mich dafür einzusetzen und zu kämpfen.

Solche Menschen haben in den Jahren der entscheidenden ersten Erfahrungen erlebt, daß man „vornherum" nicht oder nur schwer zum Ziele kommt. Sie hatten zum Beispiel eine Mutter, die auf den direkt und offen bekundeten Willen des Kindes mit einem kategorischen Nein reagierte oder mit: „Jetzt nicht — vielleicht später, wenn du größer bist." Eine Mutter, die unbefangen vertretene Selbständigkeitsregungen mehr oder weniger erstickte.

Dazu kommt freilich in solchen Fällen noch eine andere mütterliche Verhaltenskomponente: Die Mutter hat oder nimmt sich nicht viel Zeit für das Kind. Das Kind erlebt: Die Mutter verbietet alles mögliche, verbietet eigenwillige Regungen und Handlungen, aber sie überwacht die Einhaltung ihrer Verbote nicht. Sie kümmert sich nicht darum — sei es, daß sie aus diesen oder jenen Gründen viel außer Haus sein muß, sei es, daß sie danach trachtet und im Grunde froh ist, mit dem Kind nicht viel Zeit zu verlieren. Das Kind spürt dieses Desinteresse der Mutter natürlich und entdeckt darin eine Möglichkeit, das von der Mutter Verbotene dennoch zu tun und durchzusetzen, da diese es ja doch nicht merkt. Es entdeckt schließlich, daß es am zweckmäßigsten ist, gar nicht erst zu fragen, sondern das, was es möchte, von vornherein heimlich und hintenherum zu tun. Es erscheint einem Menschen mit solchen Vorerfahrungen ganz natürlich, seine Entschlüsse direkt und insgeheim zu vollziehen d. h. hinter dem Rücken derjenigen, die jeweils doch besser zu fragen oder zumindest zu informieren wären.

Zweite Szene: Der Partner des zweiten Gesprächs läßt die Ehefrau an seiner Planung teilnehmen. Aus solcher Teilhaberschaft in den alltäglichen wie in den besonderen Belangen nährt sich das Gefühl der Gemeinsamkeit.

Über seinen Kopf hinweg

Das Beispiel mag auf den ersten Blick banal wirken. Es scheint sich um Formalien zu handeln, die vielleicht besser in einem Buch über Umgangsformen und gutes Benehmen abgehandelt würden. Es geht jedoch um die Frage des Oben-oder-Unten in der Ehe; es dreht sich darum, wer das Heft in der Hand hat, wer der Herr — oder die Herrin — im Hause ist. Das Thema der dominierenden, der herrschsüchtigen Frau klingt an.

Der Partnerin dieser Szene liegt nicht so sehr am Herzen, ihrem Ehemann eine Mühe abzunehmen und für sein Interesse zu sorgen. Im Grunde will sie vielmehr die Bestimmende sein, will die Fäden der Innen- und Außenpolitik ihres Hauses ausschließlich in i h r e r Hand halten.

Es mag manchem nicht ganz einleuchten, daß gerade solche Frauen zur Durchsetzung eigener Geltung, zu einem Oben-sein an richtiger Stelle, da, wo es für sie um wirklich wichtige, ja vitale Belange und Interessen geht, nicht fähig sind. Sie sind in solchen Situationen eher zurückhaltend, ja schüchtern und überbescheiden.

So schwanken sie ständig zwischen einem bewußt bescheidenen Auftreten und einem unbewußten d. h. nicht registrierten Dominierenwollen. Das Trachten nach Dominanz äußert sich vor allem dem Ehemann gegenüber, und zwar besonders dann, wenn die Herrschsüchtige sich vor ihm und vor sich selbst durch ein scheinbar altrustisches Motiv gleichsam tarnen kann: „Ich lebe doch nur für dich und deinen Kram . . ."

Das Gegensatzpaar von Pseudo-Demut und Herrschsucht gehört im Sinne einer psychologischen Verknüpfung zusammen. Diese Frau wurde als kleines Mädchen von früh an ganz betont zu einem anpassenden und nachgiebigen Verhalten und zu zurückhaltendem Auftreten erzogen. Dem um zwei Jahre jüngeren Bruder dagegen wurde selbstverständlich zugestanden, daß er laut war, angab und auftrumpfte. „Zu einem Mädchen gehört, daß es still und zurückhaltend ist. Jungens dagegen müssen sich später im Leben durchsetzen können. Sie dürfen sich deswegen mehr erlauben."

So lernte das Mädchen von früh an eine scheinbar geschlechts-spezifische Unterscheidung kennen: Zum Wesen des Mannes gehören Geltung, Stolz und Durchsetzungsvermögen. Frauen dagegen sind „von Natur aus" mehr zurückhaltend, bescheiden und von demütiger Lieblichkeit. Es handelt sich, wie gesagt, um eine scheinbare Unterscheidung; denn in der Wirklichkeit des ursprünglichen Erlebens, das durch Erziehungseinflüsse der geschilderten Art noch nicht modifiziert wurde, finden sich bei dieser Frau, wie ihre Analyse gezeigt hat, die gleichen Geltungstendenzen, wie sie dem Mann vielfach als Geschlechtseigentümlichkeit zugeordnet werden.

In der Atmosphäre, in der die Ehefrau unserer Szene als kleines Mädchen aufwuchs, konnten diese Geltungsimpulse sich nicht unbehindert entfalten und in gesunder Weise verarbeitet werden. Sie setzten sich jedoch in verzerrter, in versteckter und unbewußter Form dennoch durch. Es war ihr zum Beispiel möglich, den jüngeren Bruder, indem sie ihm scheinbar diente, dennoch zu lenken und ein wenig zu beherrschen. Sie zog ihn morgens an und genoß es insgeheim, ihm dabei ihren Willen aufzwingen zu können. Sie brachte ihn in den Kindergarten und freute sich im Grunde darüber, ihn dabei fest an der Hand zu halten und führen zu können. Wohlgemerkt: Lustvoll war ihr dabei nicht so sehr die freundlich-warme Zuneigung zum Bruder, das mütterliche Helfen, sondern lustvoll war vor allen Dingen die Herrschaft, die sie über den kleinen Mann ausübte, war ein insgeheim ausgekostetes Machtgefühl.

So gelangte sie früh durch scheinbares Dienen zum Herrschen. Der Ehemann heute spürt instinktiv im Dienen der Partnerin die darin verhüllte Herrschsucht und Gewalt und wehrt sich verständlicherweise dagegen.

c. Bemächtigungsdrang

Wir fahren nach Hamburg.

Er behandelt seine Partnerin wie ein Objekt, wie eine Sache. Er bestimmt über ihren Kopf hinweg, was sie zu tun und zu lassen hat. Ihre eigenen Wünsche werden gar nicht in Erwägung gezogen. Sie ihrerseits ist so gefügig, daß ihr gar nicht der Gedanke kommt, sich zu fragen: „Ja, möchte ich denn überhaupt so, wie mein Mann will?" So ergänzen sich ihre Übergefügigkeit und seine Beherrschungstendenz in fataler Weise. Auch in dieser Ehe besteht kein Wir aus einem Ich und einem Du, die sich aus beiderseitiger Eigenständigkeit heraus zusammenschließen, sondern es herrscht ein diktatorisches Wir. „Wir werden dies und jenes tun" heißt eigentlich: „Ich bestimme, daß ich und du dieses und jenes tun." Doch freilich ist es auch die „Schuld" der Gefügigen, wenn sie sich von ihrem Partner hin- und herschieben läßt, willenlos wie eine Schachfigur.

Wir sind nach Köln berufen.

Dieser Ehemann hat in der Ehe einfach nichts zu sagen. Er ist nur der verlängerte Arm seiner Partnerin. Natürlich wird sich eine Frau an den Leistungen und Erfolgen ihres Mannes freuen und auch in gewisser Weise stolz auf ihn sein. In unserem Fall aber ist sie nicht nur stolz auf ihn, sondern sie identifiziert sich geradezu mit ihm in seiner Leistung und seiner sozialen Geltung: „W i r haben nämlich einen Ruf nach Köln bekommen." Seine Geltung ist ihre Geltung.

Die Fürsorgliche

Die Herrschsucht dieser Frau ist in lauter Fürsorge eingewickelt. Sie meint es ja so gut mit ihm, wenn sie sich um seine äußere Erscheinung bemüht, wenn sie ihm zu anständigem Benehmen rät und ihn anhält, seine Gesundheit zu schonen. Trotzdem wird auch hier regiert und pariert. Er ist mehr Objekt als Partner. Seine Kopfschmerzen sind wahrscheinlich Ausdruck eines nicht ausreichend erlebten Protestes gegen ihre Bevormundung. Sie aber fühlt sich durch seine Anfälligkeit zu vermehrter „Fürsorge" berechtigt. So kann sich ein wahrer Teufelskreis zwischen den Partnern entwickeln.

d. Feindselige Haltung

Die Intrigantin

In diesen Szenen geht es um die Intrige in der Ehe. Das Wort Intrige ist lateinischen Ursprungs. Aus dem lateinischen intricare i. e. verwickeln, verwirren, in dem tricae i. e. die Ränke enthalten sind, entwickelte sich das gleichbedeutende französische intriguer und daraus die intrigue, das Truggewebe, das Ränkespiel.

Was im Einzelfall auch immer Motiv und Anlaß einer Intrige sein mag, es handelt sich im Grunde stets darum, daß der Intrigierende, der Ränkespinnende nicht fähig ist, sich direkt frontal und offen auseinanderzusetzen, und den anderen deshalb versteckt angreift, ihn indirekt verdächtigt, ihn unauffällig abwertet, ihm heimlich das Wasser abgräbt, ihm hinterrücks eine Schlinge legt, ihn durch Hinterlist zu überwinden sucht.

Die Ehefrau der ersten Szene hat sich wahrscheinlich darüber geärgert, daß ihr Mann häufig mit der Gastgeberin getanzt und ihr vielleicht ein wenig gehuldigt hat. Vermutlich ist der Wunsch der Vater des Gedankens, wenn sie beiläufig mitteilt, daß ihr Mann das Fest langweilig gefunden habe. Es handelt sich dabei nicht um eine einfache Übertreibung, sondern um eine Verdrehung, um eine verwickelnde Entstellung, kurz um eine Intrige, die den Ehemann der Gastgeberin gegenüber in ein schiefes Licht rückt und sein Verhalten fragwürdig macht.

In der zweiten Szene empfindet die Ehefrau ihren Mann als Rivalen, als beruflichen Konkurrenten. Es ist ihr offenbar unbehaglich, daß er in demselben Betrieb, in dem sie schon lange tätig ist, plötzlich eine ihr übergeordnete Stellung einnehmen soll. So flicht sie in ihre Lobrede auf die Qualitäten des Partners ein Bedenken ein, ein kleines Aber, das seine Eignung für diese Stelle ein wenig zweifelhaft erscheinen läßt und das seine Wirkung auf den Personalchef auch nicht verfehlt. Sie wertet ihren Mann auf raffinierte Weise ab, ähnlich geschickt und nur in sehr viel kleinerem Maßstab wie Antonius* es in seiner berühmten Leichenrede an Cäsars Sarg mit Brutus und seiner Verschwörergruppe tat, so daß die Volksmenge, die dem Brutus kurz zuvor noch zugejubelt hatte, hernach seine Vernichtung forderte.

In der *dritten Szene* vertauscht die Ehefrau etwas: Sie legt ihre eigenen Worte dem Chef in den Mund und unterstellt ihm damit einen von ihr gehegten Wunsch, den Wunsch, ihr Mann möge an dem bevorstehenden Betriebsausflug nicht teilnehmen. Sie traut sich nicht, diesen Wunsch offen zu vertreten, und versteckt sich deswegen hinter der Person eines Dritten — eben ihres Chefs. So vertauscht sie die Personen und ihre Beziehungen zueinander. Sie schafft Beunruhigung und Mißtrauen zwischen den anderen zu eigenem Zweck: Sie intrigiert.

Die Frage, ob in den dargestellten Fällen das Intrigenspiel bewußt oder unbewußt war, wurde offengelassen. Es gibt Menschen, die in voller Absicht intrigieren. Es gibt aber auch die naiven Intriganten, die nicht merken, was sie tun.

Der Intrigante kann sich und seine Beziehungspersonen auf die Dauer in ein ganzes Netz von Ränken einspinnen und auf komplizierte Weise die Fäden zwischen den einzelnen verhäkeln, so daß man schließlich im Bereich eines solchen Menschen überall auf unsicheren Boden tritt und alles in das falsche Licht schillernder Vieldeutigkeit getaucht findet. Im Grunde ist der Intrigante aber immer eine im Kern unselbständige, rückgratschwache Persönlichkeit, die sich nicht anders zu wehren und zu helfen weiß. Er ist hinterlistig aus Hilflosigkeit.

Die Intrige ist der Tod jedes Vertrauens. In den Schlingen eines Intrigensystems müssen Zuneigung und Sympathie auf die Dauer ersticken — ganz besonders in der Ehe. Der Intrigierende verfängt sich mit Sicherheit schließlich in der eigenen Schlinge.

Ein historisches Beispiel für das typische Schicksal eines Intriganten ist das des Joseph Fouché, des Herzogs von Otranto — anfänglich Revolutionär von 1789 und später Polizeiminister dreier sich gewaltsam ablösender politischer Systeme. Er wußte die politische Intrige mit geradezu meisterhafter Konsequenz und Perfektion zu handhaben, bis er schließlich daran scheiterte.

---

* W. Shakespeare: Julius Cäsar III, 2

Schließlich „helfen alle Schliche, alle Proteste, alle Beschwörungen nicht mehr: Ein Machtmensch ohne Macht, ein erledigter Politiker, ein abgestellter Intrigant ist immer das erbärmlichste Ding auf Erden ... Die 3 Jahre, seit er die Weltbühne verlassen, haben genügt, den großen Schauspieler, der in allen Rollen excellierte, vergessen zu machen."*

Freilich, die Intrige ist im menschlichen Zusammenleben ein häufiges Phänomen. Sie ist vor allem in der Politik, ist für den Diplomaten ein vielbenutztes, manchmal vielleicht unentbehrliches Instrument.

Ein weiterer berühmter historischer Meisterintrigant ist bekanntlich Talleyrand — ein Rivale des Herzogs von Otranto. Talleyrand „hatte vier verschiedene französische Regierungsformen mitgemacht, und es war ihm gelungen, unter jeder von ihnen eine leitende Stellung einzunehmen" ... „Ein Mensch, der imstande war, zwischen ancien régime und Guillotine, Bonapartismus und Heiliger Alliance, Restauration und Julirevolution immer in der Mitte durchzusegeln und dabei seine Rechnung zu finden, mußte wohl über nicht gewöhnliche Fähigkeiten der Verstellungskunst, Elastizität und Menschenbehandlung verfügen."**

Aber er war nicht wie Fouché ein reiner Intrigant. „Talleyrand bedeutet Macht mehr ein Mittel zum Genuß, sie schafft ihm beste und nobelste Gelegenheit, alle sinnlichen Dinge der Erde, als da sind Luxus, Frauen, Kunst und köstliche Tafel"*** zu genießen.

Und so starb er denn auch nicht isoliert und mißachtet wie Fouché, sondern in einer Atmosphäre von menschlicher Zuwendung, Anerkennung und Respekt. Talleyrand sagte — ein alter Mann — bei einer Gedenkrede, die er 1837 in der Académie des Sciences Morales et Politiques für den Grafen Reinhard, einen Berufskollegen, hielt, nach einer Schilderung der Eigenschaften eines vollkommenen Außenministers folgendes: „Und doch können alle diese Eigenschaften, so selten sie auch sind, noch nicht genügen, wenn ihnen nicht Vertrauen die Bürgschaft gibt, die sie fast immer selbst verlangen. Hier nun muß ich eine Feststellung machen, die eine weitverbreitete vorgefaßte Meinung zerstören soll: Nein, Diplomatenkunst ist nicht eine Wissenschaft der Täuschung und der Doppelzüngigkeit. Vertrauen ist überall nötig, ganz besonders aber in allen politischen Handlungen, denn erst dadurch wird ihnen Zuverlässigkeit und Bestand verliehen. Die allgemeine Auffassung hat den Irrtum begangen, Zurückhaltung mit Verlogenheit zu verwechseln. Vertrauen ermächtigt niemals zur Verlogenheit, aber es läßt Zurückhaltung

* Stefan Zweig: „Fouché", Fischer-Bücherei, S. 220 u. 225
** Egon Friedell: „Kulturgeschichte der Neuzeit", 3. Bd., C. H. Becksche Verlagsbuchhandlung, S. 20 u. 21
*** Stefan Zweig: „Fouché", Fischer-Bücherei, S. 131

zu; und Zurückhaltung hat die bemerkenswerte Eigenschaft, daß sie das Vertrauen vergrößert."*

Aus welchen Quellen speisen sich die im Sinne der Intriganz verarbeiteten vitalen Impulse und wie sieht diese Verarbeitung im einzelnen aus?

Es ist kein Zufall, daß es in den drei dargestellten Szenen im Grunde um Geltung geht: Die Intrige richtet sich gegen einen Ehemann, dem eine andere Frau zu gut gefallen und der dieser zuviel gehuldigt hat. Sie richtet sich gegen den Ehepartner, als dieser der Ehefrau im Betrieb vorgesetzt werden soll. Sie soll — im dritten Fall — wahrscheinlich verhindern, daß der Ehemann seiner Frau auf einem Betriebsausflug „die show stiehlt".

Erfahrungsgemäß handelt es sich bei solchen Intriganten um Menschen, die in ihrer Kindheit nicht in einer ihnen gemäßen Weise Eigenwilligkeit entwickeln und Geltung anstreben durften. Die Eltern solcher Kinder ließen bei ihrer Erziehung eigenwilligen Regungen keinen Raum. Sie ließen Tendenzen, einen eigenen Standpunkt zu vertreten und zu behaupten, nicht zur Entfaltung kommen. Sie hielten die Kinder vielmehr zu übertriebenem Gehorsam und zu übergefügigem Verhalten an. Es resultiert daraus eine Gehemmtheit des Geltungswillens und der Selbstbehauptung und ein entsprechend gebrochenes Selbstwertgefühl.

Die Entwicklung zum Intrigantentum ist damit freilich noch nicht hinreichend begründet und erklärt. Eine solche Gehemmtheit allein würde eher zu Charakterprägungen wie der des Duckmäusers, des typischen Befehlsempfängers und „geborenen" Adjutanten oder auch der „dienenden Magd" führen. Ehe sich ein Kind zum Intriganten entwickelt, muß noch etwas hinzukommen an spezifischer Einwirkung von seiten seiner Umwelt.

Dieses Spezifische sieht so aus, daß die Eltern untereinander inkonsequent sind in ihrer Einstellung zum Kind, daß der Vater „Hüh" und die Mutter „Hott" sagt und dieses jeweils hinter dem Rücken des andern. Auf solche Weise macht ein Kind die Erfahrung, daß es die Eltern gegeneinander ausspielen kann, ein Kind, das — wie es zuvor hieß — in seinem Eigenwillen bereits eingeengt wurde und das, entgegen einem schon im zweiten Lebensjahr einsetzenden Entwicklungsbedürfnis, nicht hat lernen können, sich gegen elterliche Gebote und Verbote offen aufzulehnen, dagegen zu opponieren.

Das kann praktisch so aussehen: Die Mutter verbietet es dem Kind, seinen Hund, einen Langhaardackel, zum Mittagsschlaf mit in sein Bett

---

* Duff Cooper: „Talleyrand", Insel-Verlag 1950, S. 318/19

zu nehmen. Das Kind fügt sich sofort ohne Widerspruch — scheinbar — und geht dann zum Vater mit der Frage: „Ich darf doch den Mecki mit ins Bett nehmen, nicht?" Der Vater — in Unkenntnis der mütterlichen Vorentscheidung — erlaubt es ihm. Bei der nächsten oder übernächsten Gelegenheit ergänzt das Kind dann vielleicht seine an die Mutter gerichtete Frage mit dem Schwindel: „Vati hat es erlaubt".

Oder ein anderes Beispiel: Ein Vater verbietet seinem fünfjährigen Sohn ein für allemal Fachbücher und Fachzeitschriften — wegen ihrer zum Teil farbigen Abbildungen vom Sohn sehr geschätzt — aus den Regalen zu nehmen. Der Junge, durch die hemmende Vorerziehung bereits eingeschüchtert, wagt keinen offenen Protest, wagt nicht, sich für sein brennendes Interesse an den Illustrationen in des Vaters Büchern und Heften direkt einzusetzen. Er geht statt dessen zur Mutter und beklagt sich bei ihr über die väterliche „Gemeinheit". Die Mutter, die aus anderen Gründen dem Vater zur Zeit nicht grün sein mag oder ein heimliches Dauerressentiment gegen ihn hegt, verbündet sich mit dem Kind gegen ihn — wiederum nicht in offener Auseinandersetzung sondern „hintenherum": Sie rät dem Kind, sich doch ruhig weiterhin die Bücher zu nehmen und zu begucken; nur solle es halt aufpassen, daß der Vater davon nichts merke.

Häufen sich solche Erfahrungen im Leben des Kindes, dann entwickelt es allmählich eine Technik der Weltbewältigung, dann erlernt und übt es eine Form der „Durchsetzung" seines Willens, die als Vorstufe der Intriganz anzusehen ist. Da es sich nicht im „frontalen Angriff" für seinen Willen einsetzen durfte, ergreift es die ihm angebotene Möglichkeit, „hintenherum" zu erreichen, woran ihm liegt — hintenherum in dem Sinne, daß es einen Elternteil gegen den anderen ausspielt.

Mit diesen beiden Entwicklungslinien verflicht sich eine weitere, die in den genannten Beispielen implizit enthalten ist. Eigenwillen und Geltungsstreben werden gehemmt. Die Fähigkeit, Autoritätspersonen gegeneinander auszuspielen, wurde entwickelt. Hinzu kommt, daß ein in solcher Weise übergefügig und hinterlistig gewordenes Kind, auf der einen Seite zu eigener Kritik und eigenem Protest unfähig, auf der anderen Seite mit seismographischer Empfindlichkeit erspürt und registriert, wann oder wo ein Elternteil dem andern kritisch gesonnen ist. Dieser Kritik bedient es sich sodann, unbewußt-absichtlich, für die Zwecke der eigenen Durchsetzung.

Ein solches Kind spürt, daß zum Beispiel die Mutter froh ist, in ihm einen Bundesgenossen gegen den Vater zu haben, daß die Mutter über das Kind eigene Ressentiments in Bezug auf den Ehemann auslebt. Und so erlebt ein solches Kind, daß man sich zwar nicht direkt mit dem

Vater auseinandersetzen, daß man aber die Kritik und die Ressentiments der Mutter gegenüber dem Vater für die eigenen Zwecke ausnutzen kann.

Schließlich ist noch eine weitere Entwicklungslinie für das Intrigantentum aufzuzeigen — eine weitere sozusagen tieferliegende, das heißt in noch früheren Kindheitsphasen verankerte Determinante. Es handelt sich um die tiefe Vertrauenslosigkeit solcher Kinder gegenüber ihren Eltern. Nur ein Kind, das niemals eine wirklich vertrauensvolle Bindung zu den Eltern entwickeln konnte, ein Kind, das, vom Lebensgrundgefühl her, als Einzelgänger aufgewachsen ist, wird versuchen, auf die geschilderte Weise „hintenherum" seine Ziele und Zwecke zu erreichen. Intrigantentum entwickelt sich nur in einer Atmosphäre, in der die gefühlshafte Verwurzelung und Bindung wenig oder kaum möglich ist. Eine Atmosphäre, die das Kind nötigt, sich durch Berechnung und Verstellung, durch ein kunstvoll verwickeltes Spiel zwischen zwei Parteien, den Eltern, zu behaupten — eine solche Atmosphäre läßt unbefangenes Fühlen, naiv-ursprüngliches Empfinden, läßt alle Kräfte des Gemüts nicht zur Entfaltung kommen.

Der Intrigant, die Intrigantin sind also immer das Ergebnis einer komplizierten Entwicklung: Vertrauenslosigkeit, Gehemmtheit von Eigenwillen und Kritikfähigkeit und die Möglichkeit, „hintenherum" eigene Ziele durchzusetzen und zu erreichen, stellen die wesentlichen, bestimmenden Kräfte für diese Entwicklung dar. Intrigantentum als mehr oder weniger durchgängige Weltbewältigungsform ist immer Ausdruck einer schwer gestörten Charakterentwicklung.

C. Verzerrungen des Geltungsstrebens

1. Pseudowürde

Eitelkeit

Er, von Beruf Leiter eines der physikalischen Laboratorien in einem großen Industriebetrieb, will mit seiner Frau abends einmal in der Stadt essen. Sie sitzt im Schlafzimmer vor ihrem Toilettentisch und macht sich sorgfältig das Gesicht zurecht. Auf dem Bett liegt das Kleid ausgebreitet, das sie anziehen will — schwarz, hochgeschlossen und von raffiniert einfachem Schnitt. Sie betrachtet ihre Fingernägel, entfernt den Lack, da er ihr für den Abend nicht passend erscheint, und trägt einen anderen Farbton auf. Er kommt herein.

Er: Was machst d u denn für Veranstaltungen? Als ob wir zu einer Premiere gingen . . . Für ein gewöhnliches Abendessen brauchst du dich doch nicht so aufzuputzen.

Sie: (hält beide Hände ausgespreizt, um den Lack trocknen zu lassen, und lächelt sein Spiegelbild verführerisch an.) Warum nicht, wenn es mir Spaß macht?

Er: (betrachtet einen Augenblick wohlgefällig ihre hübschen Schultern im Spiegel. Dann stirnrunzelnd und sich räuspernd) Wenn ich sehe, wieviel Zeit und Aufmerksamkeit du auf dein Äußeres verschwendest ... Aber du bist eben eitel. Als wenn es nicht auch noch andere Werte gäbe. Sieh mich an!

Sie: (lachend) Da hast du recht. Daß d u zu viel Wert auf dein Äußeres legst, kann dir keiner nachsagen. Wenn i c h nicht wäre, dann rasiertest du dich bestenfalls zweimal in der Woche, vergäßest, dir die Haare schneiden zu lassen, und liefest mit schmutzigen Hemdkragen herum. (Prüft, ob der Nagellack trocken ist. Dann ihren Mann im Spiegel betrachtend) A propos, Hemdkragen. Zieh dir noch eben ein frisches Hemd an, Liebling! Das da ist ein bißchen schmuddelig. Ich hab dich so gern frisch.

Er: (unwirsch) Ansprüche stellt dieses Weib ... (Während er das Jackett ablegt und sich das Hemd über den Kopf zieht) Hemd hin, Hemd her! Auf den inneren Menschen kommt es an. Der muß intakt sein. Alles andere ist unwichtig.

Sie: (schlüpft in ihr Kleid, dann) Du, zieh mir doch eben mal den Reißverschluß hinten zu.

Er: (erfüllt ihre Bitte und schnuppert dabei an ihrem Haar, aus dem ein verlockender Duft steigt.) Ja, also ein anständiger Charakter, der scheint mir wichtiger als dieses äußere Drum und Dran.

Sie: Schön. Aber können Inneres und Äußeres nicht zusammenstimmen? Ich hab immer den Eindruck: Wer sich äußerlich verlottern läßt, bei dem stimmt auch innen etwas nicht. (Dreht sich vor dem Spiegel und freut sich daran, wie gut das schmale schwarze Kleid ihre Figur zur Geltung bringt)

Er: (der gerade in das frische Hemd fährt, empört) Was willst du damit sagen? Ich will dir mal was erzählen: Erst neulich bei meinem Geburtstag da hat der Chef folgendes gesagt: (Holt tief Luft und stellt sich in Positur) Er hat gesagt: „Wir schätzen in Ihnen einen Mann, der sich in seinem Amt als planvoll, gerecht und tüchtig und in seiner Person als integer und bescheiden bewährte." (Räuspert sich) Wenn solch ein Mann das sagt ...

Sie: (lächelnd) Das hast du gut behalten. Und d u willst nicht eitel sein? Du bist innerlich eitel, wie ich es äußerlich bin. Also nehmen

101

wir uns beide, wie wir sind. (Tupft sich Parfüm vor die Ohren, auf die Handgelenke und in den Nacken)

Er: (stutzt einen Augenblick, dann lächelnd) Vielleicht hast du recht.

Sie: (dreht sich in den Hüften.) Gefall ich dir?

Er: (nickend) Sehr.

Sie: (schmiegt sich an ihn und neigt den Kopf.) Einen Kuß in den Nacken, bitte!

Er: (erfüllt bereitwillig ihren Wunsch.)

Er steht darüber. (Erste Szene)

Sie kommt eben aus dem Keller in die Wohnung zurück. Er sitzt im Sessel und liest.

Sie: (wutschnaubend) Ich hab mich eben maßlos über die Henze geärgert. So ein blödes Weib! Sagt sie mir doch, wir wären immer so laut, besonders in den Mittagsstunden. Und unsere Kinder, die wären überhaupt die reine Nervenplage. Sie hat mich so richtig von der Seite angemeckert — die alte Ziege.

Er: (abgeklärt) Aber das ist doch kein Grund sich aufzuregen.

Sie: Hör zu, das war ja noch nicht alles. Ich sagte, wir müssen uns schließlich bewegen, und die Kinder könnt' ich ihr zuliebe nicht anbinden. Da antwortete sie — in einem ganz patzigen Ton —, wir sollten eben zu einer anderen Zeit essen. Während unserer Essenszeit würden alle vernünftigen Leute ihre Mittagsruhe halten. Und es wäre einfach ungehörig, wenn unsere Kinder in den frühen Nachmittagsstunden vor fünf im Garten herumlärmten. Stell dir vor, die verlangt, daß ich die Kinder bis fünf einsperre und sie außerdem fessle und kneble, damit sie und ihr Alter in Ruhe schnarchen können.

Er: Laß sie doch reden. Ich versteh nicht, weshalb du dich darauf überhaupt einläßt. Solchen Anpöbelungen gegenüber verhält man sich doch betont zurückhaltend. Damit weist du die Leute am wirksamsten in ihre Schranken.

Sie: Was? Ich soll mir so was einfach bieten lassen? O nein mein Lieber, kommt gar nicht in Frage. Im Gegenteil, ich hab dem alten Drachen tüchtig die Meinung gegeigt — nur leider nicht genug. Darum koch ich jetzt noch.

Er: (kopfschüttelnd) Ich versteh dich nicht, Thea. Du bist doch kein Marktweib. Mir ist das unbegreiflich.

Sie: (richtet ihren Zorn nun gegen ihn.) Natürlich! Dir kann sowas nicht passieren — vornehm wie du bist. Du bist über alles, aber auch über alles himmelhoch erhaben. Und wütend — nein, wütend wirst d u nie. Es könnte dir ja ein Zacken aus der Krone fallen.

Er: Ganz recht. Ich erspare mir und andern Ausbrüche, die zu nichts führen.

Sie: (nachdrücklich) Leider, mein Lieber, leider!

Er: (etwas betroffen) Wieso leider?

Er steht darüber. (Zweite Szene)

Er und sie sind über ein kürzlich gesehenes Theaterstück verschiedener Meinung.

Sie: (etwas heftig) Ich versteh einfach nicht, daß es dir nicht gefallen hat. Es war doch so lebendig, so ... saftig. Mich hat es begeistert.

Er: (überlegen) Dazu gehört nicht viel bei dir, Liebling. Du bist sehr leicht zu begeistern. Aber deine Begeisterung ändert nichts an der Tatsache, daß dieses Stück schlecht ist, reißerisch — kurz — ein Machwerk.

Sie: (jetzt wütend) Wenn ich höre, wie du so einfach Urteile fällst, dann könnt ich aus der Haut fahren. Das Stück hat dir nicht gefallen, gut! Aber deshalb braucht es doch nicht gleich schlecht zu sein. Ich fand's gut. Verflixt nochmal!

Er: (nachsichtig) Dein Affekt ist bereits ein ausreichender Beweis dafür, daß ich recht habe. Es ist immer bedenklich, Liebling, wenn man eine Sache mit Affekten verteidigen muß. Affekte beweisen stets einen Mangel an rationalen Argumenten. Mit wirklichen Gründen kannst du dein positives Urteil über das Stück offenbar nicht belegen.

Sie: Quatsch! Es geht hier gar nicht um Rationales. Es geht um Gefühl. Und außerdem ist es Unsinn zu behaupten, daß ich Unrecht habe, nur weil ich mich errege. Das ist schließlich auch eine Frage des Temperaments. Nicht jeder ist so wie du — kühl bis ans Herz hinan. Nein, aber vor allem ärgere ich mich über deine Art, auf einen herunterzupredigen, du Säulenheiliger, du!

103

Der Mann im Haushalt (Erste Szene)

Er und sie, noch nicht lange verheiratet, sind beide berufstätig. Er ist Bankkaufmann, sie arbeitet als Sekretärin bei einer Behörde. Sie haben um dieselbe Zeit Dienstschluß.

Heute kommt sie etwa zehn Minuten später nach Hause als er. Er hat es sich bereits bequem gemacht d. h. er sitzt im Hausrock mit hochgelegten Beinen in einem Sessel und liest Zeitung. Sie begrüßt ihn mit einem raschen Kuß und verschwindet in der Küche, um das Abendbrot zu richten. Nach einiger Zeit.

Sie: (durch die offenstehenden Türen aus der Küche über die kleine Diele rufend) Du, Jürgen, sei doch so lieb und deck den Tisch und hilf mir dann beim Hineintragen.

Er: (zurückrufend) Du machst wohl einen Witz, Tilla?

Sie: (kommt aus der Küche gelaufen, in der Hand eine Gabel mit einer aufgespießten Kartoffel, die sie gerade abpellen wollte.) Was heißt hier Witz?

Er: (ohne von seiner Zeitung aufzublicken) Daß du mir deine Frauenarbeit aufpacken willst, ist bestenfalls ein Witz.

Sie: (kriegerisch) Ich möchte mal wissen, wieso es witzig ist, wenn du mir abends ein bißchen hilfst. Schließlich war ich tagsüber ebenso berufstätig wie du. Ich wollte dich übrigens auch bitten, mir in Zukunft beim Geschirrabtrocknen zu helfen. Ich komm sonst einfach nicht rum mit der Arbeit.

Er: (guckt sie mitleidig an.) Und sonst fällt dir nichts ein? Nein, mein Kind, der Haushalt ist seit einigen tausend Jährchen Frauenangelegenheit, und du weißt, ich bin ein konservativer Mensch. Nichts zu machen bei mir. Nimm dir doch eine Hilfe, wenn du es allein nicht schaffst. (Wendet sich wieder seiner Zeitung zu)

Sie: (empört) Als ob die so leicht zu finden wäre. Du hast ja die reinsten Paschamanieren. Du liest Zeitung, und ich kann mich inzwischen zerreißen. Aber wenn du es nicht anders willst, dann wird eben in Zukunft in der Küche gegessen, und es gibt nur noch kaltes Abendbrot. Verstanden!

Er: (hinter ihr herrufend) Nichts da, ich will ein anständiges Abendessen haben, so wie ich es gewöhnt bin von Zuhause, hörst du, Tilla!

Der Mann im Haushalt (Zweite Szene)

Er und sie — jung verheiratet — sind beide berufstätig. Er ist bei der Post angestellt. Sie arbeitet als Verkäuferin in einem Textilgeschäft. Beide haben um die gleiche Zeit Feierabend.
Er kommt gerade nach Haus und geht in die Küche, wo sie das Abendbrot zubereitet.

Er: N'abend Hilde. Schon lange zu Hause? (Gibt ihr einen Kuß) Was gibt es denn heute abend? Ich hab einen Mordshunger.

Sie: Heringe mit Äpfeln und Zwiebeln in saurer Sahne und Pellkartoffeln. Dazu helles Bier.

Er: Sehr schön. Wann essen wir denn?

Sie: Wenn du mir beim Tischdecken und Kartoffelpellen hilfst, kann es in zehn Minuten losgehen.

Er: (Trägt Geschirr und Bestecke ins Wohnzimmer. Danach beim Abpellen der Kartoffeln) Was hast du denn nachher noch zu tun, Hilde?

Sie: (überlegend) Geschirrspülen. Ja, und Kohlen holen. Und die Wäsche. Ich muß die Wäsche, die aus der Wäscherei gekommen ist, einräumen.

Er: Wenn ich dir was abnehmen kann ...

Sie: Vielleicht Geschirr abtrocknen. Und dann die Kohlen holen. Du, das wär nett!

Er: Es gibt einen guten Film im Capitol: „La Strada", mit dieser Schauspielerin, die gar nicht hübsch aber sehr begabt ist. Wie heißt sie doch gleich? Masina oder so ähnlich. Im Amt die Campen war ganz begeistert. Hast du Lust?

Sie: Hm, ja, gern.

2. „Angeberei"

Der Hypochonder

An einem Wintermorgen zwischen sieben und acht Uhr. Er ist seit einiger Zeit arbeitslos. Sie ist schon aufgestanden und bereitet in der Küche das Frühstück. Er liegt noch im Bett.

Er: (laut und höchst dringlich) Martha, Ma-artha-a-a!

Sie: (kommt eilig aus der Küche, die rasch gewaschenen Hände an der Schürze abtrocknend) Ja, Egon, was ist denn?

Er: (kläglich) Du, Martha, ich hab solche Halsschmerzen. Ich hab es schon gemerkt, als ich aufwachte. Und jetzt wird es immer schlimmer. (Betastet mit den Fingerspitzen vorsichtig Hals und Kieferwinkel)

Sie: (mitfühlend) Das ist ja scheußlich.

Er: (versucht, vorsichtig zu schlucken, wobei er schmerzlich das Gesicht verzieht) Es tut gräßlich weh — besonders links.

Sie: (begütigend) Warte, ich bring dir gleich ein paar Gelonida und mach dir einen Wickel. Dann wird es bald besser.

Er: (ängstlich zweifelnd) Meinst du? Willst du nicht lieber den Doktor holen?

Sie: (resolut) Ach was! Wegen Halsschmerzen gleich den Arzt. Der wird dir auch nichts anderes verordnen. Das wissen wir doch schon.

Er: Aber wenn es Diphterie ist?

Sie: Warum denn gleich Diphterie? Und woher? Ich hab nichts von Diphteriefällen in der Stadt gehört.

Er: (insistierend) Aber man kann doch nie wissen . . .

Sie: Hast du denn einen Belag? Laß mich mal sehn. (Geht in die Küche und holt einen Löffel und eine Taschenlampe) Mach mal den Mund auf!

Er: (sperrt mit schmerzverzogener Miene den Mund auf.)

Sie: (drückt vorsichtig die Zunge mit dem Löffel herunter und betrachtet sich den Rachen.) Kein Belag! Nur eine Rötung — links mehr als rechts. Also ich bring dir jetzt die Tablette und mach dir den Wickel.

Er: (nach etwa einer Stunde mit mühsam gehobener Stimme) Martha, Ma-artha-a-a!

Sie: (kommt aus dem Wohnzimmer, das Staubtuch in der Hand) Was ist denn, Egon?

Er: Du, Martha, ich hab' so ein komisches Gefühl in der Herzgegend. So eine Art Beklemmung. (Legt die Hand auf die linke Brustseite und atmet ganz vorsichtig) Wenn es nun doch Diphtherie ist. Die schlägt sich doch leicht aufs Herz.

Sie: (kopfschüttelnd) Du bist und bleibst ein alter Hasenfuß. Neulich wolltest du gleich eine Hirngeschwulst haben, weil du ein paar Tage lang Kopfschmerzen hattest. Als du nach Tante Friedas Rhabarbertorte ein Mal mehr aufs Klo mußtest als sonst, da hattest du eine Ruhr. Und jetzt muß es unbedingt Diphterie sein. Wart doch erst 'mal ab!

Er: Bei Diphtherie warten ist gefährlich. Das Serum soll so früh wie möglich gespritzt werden. Ich hab es eben nachgelesen. (Auf seinem Nachttisch liegt das Buch „Der Hausarzt".) Du kannst das nicht verstehen, Martha, aber mir ist gar nicht wohl zumute.

Sie: Zum Donnerwetter nochmal, ich geh ja schon zu Meyers und ruf den Doktor an. Es ist zum Auswachsen mit deiner Ängstlichkeit. Wir werden uns natürlich wieder mal blamieren. Aber dann gibst du vielleicht Ruhe — bis zum nächsten Mal.

Der Arzt kommt und stellt eine harmlose Angina fest. Er verordnet Halswickel und Gelonida.

Der Angeber (Erste Szene)

Er ist seit einigen Jahren erfolgreich als Anwalt in einer mittleren Stadt tätig. Nebenbei ist er eifriger Parteipolitiker und seit den letzten Kommunalwahlen Mitglied des Stadt- und Kreisparlaments. Er war an diesem Abend mit seiner Frau beim Oberbürgermeister eingeladen zu einer ausgiebigen Geselligkeit, bei der viel getrunken wurde und bei der es lebhaft zuging.
Jetzt ist es weit nach Mitternacht. Er und sie im Schlafzimmer. Sie ist schon im Nachthemd und bürstet sich gerade die Haare. Er ist noch damit beschäftigt, sich auszuziehen, und läuft im Augenblick höchst angeregt und in bester Laune in Hemd und Unterhose hin und her.

Er: Dieser sogenannte Oberbürgermeister ist doch eigentlich eine richtige Flasche, findest du nicht?

Sie: Ooch, wieso? Ist doch ein netter Mann. Zu mir war er jedenfalls reizend heute abend.

Er: (wegwerfend) Na ja, Weibern den Hof machen — das kann er vielleicht. Aber unter ernsthaften Männern, wo es darauf ankommt, da macht er eine unmögliche Figur, un-möglich. Neulich, als die kanadischen Agronomen hier waren, da hättest du seine Begrüßung hören sollen. Ich hab sie mir direkt gemerkt:

„It is a high honour for me acting as a representative of one of the oldest towns of this country, to offer words of welcome to the delegates of a young continent."

Sie: Was hast du denn? Ist doch gutes Englisch.

Er: Na ja, ganz gut, aber doch ohne jede Eleganz. Ich an seiner Stelle, also ich hätte etwa gesagt ... (Überlegt einen Augenblick) „Acting as a representative of one of the oldest towns of my country, I find it a high honour to be favoured with the privilege of welcoming the delegates of a young continent."

Sie: (hat ihn mit gekrauster Nase angehört.)

Er: (geht nebenan ins Badezimmer, putzt sich die Zähne und erzählt zwischendurch weiter.) Und dann die Haushaltsdebatte neulich. Aber da bin ich ihm vielleicht in die Parade gefahren. (Erscheint in der Tür mit dem Zahnputzglas in der Hand) Die ganze Fraktion hat mich hinterher beglückwünscht. Ja, ja ... (Lächelt beglückt in der Erinnerung daran und verschwindet wieder im Badezimmer, um nach einiger Zeit zurückzukehren — immer noch im Unterzeug) Was meinst du, wie es hier in der Stadt aussehen würde, wenn ein Mann von wirklichem Überblick ...

Sie: (spöttisch) Du zum Beispiel ...

Er: (mit gehobener Stimme) Wenn ein Mann von wirklichem Überblick die Geschäfte in der Hand hätte. Diese ganzen Probleme, wie Wohnungsbau, Straßenbau, Industrie ...

Sie: (klagend, während sie die Decke über sich zieht) Hör doch auf mit dem Gequatsch, Kurt, ich bin todmüde.

Er: (empört) Gequatsch nennst du das? Ich will dir mal was sagen: Mir ist schon von ernsthaften Leuten unaufgefordert bestätigt worden, daß ich einen Blick für kommunale Probleme und darüber hinaus für politische Konstellationen habe. (Setzt sich schräg auf das Fußgitter ihres Bettes) Mal im großen gesehen — unsere außenpolitische Situation zur Zeit —, wie Regierung und Opposition da ihre Konzeptionen wiederkäuen, die durch die Ereignisse längst überholt sind. Da kann man nur sagen: Getretener Quark wird breit, nicht stark. Da müßte ein Mann von Initiative eine dritte Lösung anbieten, damit dies alberne Spiel mit den Alternativen aufhört. Politik ist die Kunst des Kompromisses, also der dritten Lösungen ... Ich hab da zur Zeit so ganz bestimmte Vorstellungen. Ich als Außenminister ...

Sie: Also, Kurt. Du als Außenminister — da kann ich nur noch matt lächeln. Sei doch nicht so eingebildet; als ob du von diesen Sachen 'was verstündest, überhaupt 'was verstehen könntest, Angeber! Im übrigen will ich jetzt schlafen.

Er: (hat sich erhoben und greift nach seinem Pyjama — böse) Ich werd mir wohl noch meine Gedanken machen dürfen. Warum eigentlich nicht? Und im übrigen . . . Du erzählst mir ja auch ständig, was für eine gute Hausfrau du bist, und daß dein Klavierspiel beinah konzertreif und was sonst noch alles. Das ist wohl keine Angeberei? (Fährt wütend aus der Unterhose und in die Pyjamahose)

Sie: (überlegen) Das ist keine Angabe, das sind Tatsachen, Realitäten, mein Lieber.

Er: Nicht mehr Tatsache, als daß ich ein guter und allgemein geschätzter Anwalt bin, worüber ich übrigens nie ein Wort verliere. Und was die Politik anbelangt, so kann ich nur sagen: Was nicht ist, kann noch werden. (Knöpft sich aufgeregt die Pyjamajacke zu) Warte nur ab! (Legt sich ins Bett) Blödes Weib! (Zieht sich die Decke über die Schulter) Nacht!

Sie: (ironisch) Gute Nacht! Möge die Last deiner Verantwortungen dir leicht und dein Schlummer süß sein!

Er: (knurrt böse.)

Der Angeber (Zweite Szene)

Er und sie sind seit zwei Jahren verheiratet. Er studiert bereits im 16. Semester Völkerkunde, Psychologie, Soziologie und Philosophie. Ein Abschluß seiner Studien ist vorerst noch nicht abzusehen. Das Ehepaar lebt weitgehend von der finanziellen Zuwendung seines Vaters. Außerdem ist sie als Sekretärin in einem Institut tätig. Eines Tages nach dem Abendbrot. Sie flickt Wäsche. Er liest.

Er: (legt sein Buch beiseite.) Heute bin ich Horst Menge begegnet — von der Konditorei Menge in der Berliner Straße. Er selbst ist nach dem Krieg auch Konditor geworden, nachdem er vorher ein paar Semester Jura studiert hat. Er hat vor einem halben Jahr den Betrieb seines Alten übernommen. Merkwürdiger Mann, dieser Menge. So ein richtiger satter Bürger, weißt du? Völlig ungeistig. Komisch, und mit sowas hat man nun dieselbe Schulbank gedrückt.

Sie: (weiterhin über ihre Flickarbeit gebeugt) Seinen Betrieb hat er gut in Ordnung. Getränke, Gebäck — alles erstklassig. Tadellose Bedienung. Der wird ganz schön verdienen.

Er: Wird er wohl. Erzählte mir, daß er sich gerade einen neuen Wagen gekauft hat, einen Mercedes. Gott, aber was heißt das schon — Geldverdienen. Das ist wirklich keine Kunst bei dieser Konjunktur. Diese Kaufleute scheffeln Geld wie Heu und sind doch zumeist kleine, ganz kleine Geister.

Sie: (hat ihre Arbeit hingelegt und guckt nachdenklich vor sich hin.) Sag mal, Othmar, wie stellst du dir eigentlich u n s e r e Zukunft vor in dieser Hinsicht — in bezug auf Geldverdienen meine ich? Ich möchte nicht ständig so knapp leben wie jetzt.

Er: (etwas beunruhigt, aber großspurig) Nun ja, wenn ich erst selbst verdiene, wird natürlich alles grundlegend anders. Das ist doch klar.

Sie: Und wie willst du das anstellen, das Geldverdienen?

Er: (geringschätzig) Du liebe Zeit, das ist doch kein Problem — bei meinen Kenntnissen. Sieh dir doch die Leute an allenthalben — selbst die Professoren —, was das teilweise für Trottel sind.

Sie: Das ist mir zu allgemein, Othmar. Ich wüßte gern, was du konkret unternehmen willst. Hartwig Stahlmann, der mit dir angefangen hat zu studieren, ist jetzt fest angestellt. Er leitet eine Erziehungsberatungsstelle. Wußtest du das übrigens?

Er: Na, siehst du, das ist doch so ein typisches Beispiel. Stahlmann ist ein emsiger Bursche. Aber er hat es auch nötig, durch Transpiration zu ersetzen, was ihm an Intuition fehlt. Und sowas wird Beamter. Ich finde das typisch.

Sie: Na ja, aber er hat doch immerhin was geschafft. Und du?

Er: (auffahrend) Herrgott, meinst du wirklich, ich sollte auch in so einer Dienststelle vertroddeln, wie dieser Stahlmann? Erst werde ich mal promovieren und mich dann natürlich habilitieren, na, und dann muß sich schon was Annehmbares bieten, ehe ich zufasse. Eine Sache mit Aufstiegsmöglichkeiten und finanziell lohnend.

Sie: (hartnäckig) Ja, aber woran denkst du dabei? Du mußt doch irgendeinen konkreten Plan haben. Manchmal frage ich mich: Was kannst du eigentlich?

Er: (empört) Was ich kann? Ich hab mehr Wissen im kleinen Zeh als du im Kopf, meine Liebe. Das ist dir hoffentlich klar.

110

Sie: (weiterhin ruhig) Intellektuelles Wissen, sicher. Du weißt viel. Aber du kannst wenig. Du kannst mit deinem Wissen praktisch nichts anfangen, kannst es nicht nutzbar machen. Entschuldige, aber ich **m u ß t e** dir das einmal sagen. Das ist schon lange fällig.

Er: (ist aufgestanden — erregt) Wenn man schon damit rechnet, von einer Frau verstanden zu werden! Ich bin doch nicht irgendjemand. Ich bin doch schließlich ein differenzierter, sensibler Mensch. Ich bin kein Durchschnitt. Das solltest **d u** am allerbesten wissen. (Läuft im Zimmer auf und ab)

Sie: (etwas bitter) Nein, du bist kein Durchschnitt, weiß Gott nicht. Aber ich, ich bin eine ganz durchschnittliche Frau und habe durchschnittliche Wünsche. Ich möchte eines Tages nicht mehr an der Schreibmaschine sitzen, ich möchte eine richtige Wohnung haben — kein möbliertes Zimmer wie jetzt —, möchte Hausfrau sein, möchte Kinder kriegen — ja, ja, all das möcht ich.

3. Prestigesucht

Das Ehrenamt

Er und sie sitzen in einer Elternversammlung in der Schule. Er soll in den Elternbeirat gewählt werden, möchte dieses Ehrenamt aber wegen zeitlicher Überlastung ablehnen. Während er seine Ablehnung der Versammlung gegenüber begründet, tritt sie ihm mehrmals heftig gegen das Bein. Als er sich wieder hingesetzt hat und sie wegen der Fußtritte böse anguckt:

Sie: (erregt flüsternd) Schon wieder willst du dich drücken. Herr Schulze dagegen hat sich nicht lange bitten lassen. Warum willst du denn nicht mitreden, wenn man es dir schon anbietet?

Er: (gleichfalls flüsternd) Ich hab gerade genug auf dem Hals. Und du weißt ganz genau, wieviel Überstunden es immer gibt im Amt.

Sie: (etwas lauter) Das ist es ja gerade! Du schuftest und schuftest, und was bist du dabei geworden? Stadtinspektor! Andere Männer in deinem Alter haben es weiter gebracht. Mertens, das ist ein Kerl! Wie der dasteht! Aber du hast es eben nicht im Griff. Da ist nichts zu machen.

Er: (wütend und ziemlich hörbar) Da hättest du eben den Mertens heiraten sollen oder noch besser den Kennedy.

111

Frankfurter Messe (Erste Szene)

Morgens beim Frühstück.

Er: Richte dich bitte für die nächste Woche auf die Messe in Frankfurt ein! (Schluckt hastig ein Glas Orangensaft hinunter) Wir nehmen den neuen Mercedes und fahren am Montag früh. (Während er ein Ei aufklopft) Zimmer im „Frankfurter Hof" sind bestellt. (Bestreicht ein Stück Toast mit Butter und ißt hastig) Kümmre dich um deine Garderobe! Erstklassige Aufmachung, bitte. Wenn du noch Geld brauchst . . . (Nimmt einen Schluck Kaffee) mir kommt es nicht drauf an. Wenn du nur gut aussiehst. (Trinkt seinen Kaffee aus) Wir treffen wichtige Leute in Frankfurt. (Zündet sich eine Zigarette an und steht auf) Auf Wiedersehen. Bis später.

Sie: Du, Gerd.

Er: (ungeduldig) Was ist denn? Ich hab es eilig.

Sie: Ich möcht es dir gleich sagen: Ich fahre diesmal nicht mit nach Frankfurt.

Er: Was soll denn das heißen? Willst du mir das bitte erklären?

Sie: Es soll heißen, daß ich mich nicht länger von dir einspannen lasse, wie es dir paßt.

Er: Einspannen? Was ist denn plötzlich in dich gefahren? Schließlich biete ich dir doch etwas. Andere Frauen wären froh! (Läuft gereizt im Zimmer hin und her)

Sie: (erregt) Was du mir bietest! Du ordnest einfach an, daß ich mit dir zur Messe fahre –, ohne zu fragen, ob ich überhaupt will. Du verfügst über mich wie über eine Sache. Jawohl, das tust du. Ich habe erstklassig aufgemacht zu sein. Aufgemacht! Wenn ich das schon höre. Wie mir zumute ist, das ist dir egal. (Ist aufgestanden und läuft ebenfalls im Zimmer auf und ab, woraufhin er sich in einen Sessel wirft) Im Grunde bin ich dir nichts anderes als dein Wagen – ein elegantes Requisit, das du brauchst, um deinen Geschäftspartnern und Konkurrenten zu imponieren. Und wenn die Leute sagen: Donnerwetter, was der Schmidt für einen Wagen fährt . . . Und seine Frau – haben Sie die gesehen? Ganz große Klasse, sag ich Ihnen. Nun ja, dann bist du zufrieden – unter anderem auch mit mir. Und wenn die Abschlüsse günstig waren, bekomm ich ein Schmuckstück geschenkt oder irgendeinen anderen Wertgegenstand; und du findest vermutlich, daß keine Frau es besser hat als ich.

Er: (will sie unterbrechen) Nun . . .

Sie: (schneidet ihm das Wort ab) Es ist ja nicht nur diese Messe. Es sind deine sonstigen Geschäftsreisen, auf denen ich ebenso selbstverständlich dabei sein muß. Es sind die Gäste, die du mir täglich bringst. Es gibt doch kaum noch eine private Mahlzeit bei uns. Die Parties, die ich geben und besuchen muß. Dieser ganze gesellschaftliche Rummel, zu dem du mich zwingst. (Schweigt erschöpft)

Er: (auffahrend) Nun bitt ich dich. Du hast ja schließlich gewußt, wen du heiratest, und daß ich ein Mann mit großen Verpflichtungen bin, die meine Frau natürlich teilen muß.

Sie: (an eine Fensterbank gelehnt) Sicher hab ich das gewußt und hab mich, weiß Gott, positiv dazu eingestellt. Aber wenn es außer diesen Verpflichtungen nichts mehr gibt, nichts. Wenn das die ganze Ehe ist . . . nein, Gerd, ich k a n n nicht mehr, ich k a n n ganz einfach nicht mehr.

Frankfurter Messe (Zweite Szene)

Morgens beim Frühstück.

Er: In vierzehn Tagen ist die Verkaufsmesse in Frankfurt. Fährst du mit?

Sie: Ach Gerd, muß das sein? Mir graut vor dem ganzen Rummel. Und schließlich . . ., was hast du da schon von mir? Du machst von morgens bis abends Geschäfte und ich inzwischen 'ne gute Figur — oder auch nicht.

Er: Nichts gegen deine Figur. Daß du gut gewachsen bist, ist eine nackte Tatsache.

Sie: Frecher Kerl.

Er: Nein, aber im Ernst; ich hab dich wirklich gern dabei. Außerdem brauche ich auch deinen Rat. Und deine Figur . . . Ich zeig den Leuten ganz gern, was ich für eine hübsche Frau hab. Das mußt du mir schon gönnen. Komm doch mit.

Sie: (lacht ihn an) Einverstanden.

Kommentare

Die vorangegangenen Szenen stellen dem Erscheinungsbild nach ganz verschiedene Tatbestände dar. Und doch weisen sie im Grunde Gemeinsamkeiten auf: Ob sich in der P s e u d o w ü r d e eine selbstgerechte

113

Überheblichkeit ausdrückt, ob bei der A n g e b e r e i sich jemand entweder auf passive Weise im Sinne des Hypochonders oder aber direkt aktiv als Angeber in den Mittelpunkt der Beachtung spielt, ob in der P r e s t i g e s u c h t der Partner zum Aushängeschild eigenen Ehrgeizes degradiert wird — immer handelt es sich um fehlgeleitete Geltungstendenzen.

Das gesunde Streben nach Geltung und Anerkennung enthält immer auch den Wunsch nach Einordnung in die Gemeinschaft. Gesundes Geltungsstreben heißt: sich einen den eigenen Fähigkeiten und Wirkungskräften entsprechenden Platz innerhalb der Sozietät bzw. auch in der Ehe zu schaffen — innerhalb der Sozietät, also bezogen auf die anderen.

Für den Träger neurotisch entstellter Geltungstendenzen ist eigentümlich, daß er dranghaft und ohne Rücksicht auf Verbundenheit mit den anderen nach Anerkennung strebt. Erlangt er sie nicht in dem von ihm gewünschten Ausmaß, so fühlt er sich gedemütigt oder gekränkt. Destruktive Aggressionen — Kränkungshaß — sind die Folge und machen eine Verbundenheit mit anderen nun vollends unmöglich.

1. Pseudowürde

Eitelkeit

Es stimmt: Er ist mindestens genauso eitel wie sie. Während sie sich ein wenig in ihren äußeren Vorzügen spiegelt und in deren Wirkung auf die anderen sich sonnt, erwärmt er sich an seinen inneren Qualitäten und dem Eindruck, den sie bei den anderen hervorrufen. Der Unterschied zwischen den beiden besteht darin, daß sie ihm seine Eitelkeit gönnt, während er die ihrige — wenigstens anfangs — verurteilt.

Doch das ist nicht der einzige Unterschied zwischen ihrer und seiner Eitelkeit. Es ist zum Beispiel deutlich, daß sie sich zu ihrer Eitelkeit heiter bekennt, daß sie zu ihrem Bedürfnis, anderen zu gefallen, uneingeschränkt und unbefangen Ja sagt. Ebenso augenfällig ist, daß er, jedenfalls in bestimmten Bereichen, die Bestätigung der anderen in einer etwas verkrampften Form braucht, daß er von Lob und Tadel zum Beispiel seines Vorgesetzten in einer gequälten Weise abhängig ist. Spürbar ist auch, daß er, innerlich doch so angewiesen auf Bestätigung, sich zu seiner inneren Eitelkeit doch nicht voll bekennen kann, zu seinem Bedürfnis, sich selbst und anderen zu gefallen. Das geht zum Beispiel daraus hervor, daß er die Kompetenz des ihn Lobenden („wenn solch ein Mann das sagt . . .") so betont.

Sicherlich wird sich jeder Mensch, zugegeben oder nicht, über Anerkennung freuen. Aber es ist ein Unterschied, ob jemand aus eigener positiver Selbsteinschätzung das Lob der anderen gerne hört oder ob ein im Grunde Selbstunsicherer von solcher Bestätigung abhängig und darauf angewiesen ist.

Dieser Ehemann lehnt es also ab, die Anerkennung der anderen zu erlangen und ihr Gefallen zu erregen. Das wird auch daran deutlich, daß er sein Äußeres ein wenig verlottern läßt. Diese Vernachlässigung ist ein Protest: Er drückt durch sein Äußeres aus, daß ihm am Gefallen der anderen nichts liegt.

Er ist von früh an zu der Einstellung erzogen worden, daß Schein und Sein sich niemals decken, sondern sich vielmehr widersprechen. Natürlich können Sein und Schein auseinanderklaffen. Der Extremfall einer solchen Schein-Sein-Diskrepanz wäre der Hochstapler, der in oftmals betörender Selbstgefälligkeit seine geringe Substanz — dem Glühwurm gleich — zu einem märchenhaften Glühen zu bringen befähigt ist, wie Thomas Mann es in seinem Hochstaplerroman „Felix Krull"* eindrucksvoll beschreibt.

Doch andererseits gilt doch weitgehend, daß Äußeres und Inneres einander entsprechen, daß ein Mensch in seiner äußeren Erscheinungsform das zum Ausdruck bringt, was er innerlich ist. Es ist also berechtigt, aus dem Äußeren auf das Innere zu schließen. Mit anderen Worten: Wer sein äußeres Erscheinungsbild vernachlässigt, wird wahrscheinlich auch mit seinen inneren Möglichkeiten nachlässig umgehen.

Der Ehemann unserer Szene läßt in der Art, wie er sich gibt, Qualitäten wie Gefälligkeit, Liebenswürdigkeit, herzliches Zugewandtsein vermissen — Eigenschaften, die auch im Spektrum seines Inneren, seines gefühlshaften Selbsterlebens in entsprechendem Maße fehlen.

Diese Entfaltungsmängel sind bedingt durch das spezifische Milieu eines Elternhauses, in dem nur planvolle Pflichterfüllung, eine sozusagen nackte Leistung und Tüchtigkeit sowie moralische Korrektheit als Werte galten, um die zu bemühen sich lohnte.

Die Eitelkeit in ihrer ausgeprägten Form ist freilich ein schwieriges seelisches Problem. Nietzsche definierte die Eitlen als Wesen, „die eine gute Meinung über sich zu erwecken suchen, welche sie selbst von sich nicht haben — und also auch nicht ‚verdienen' —, und die doch hinterdrein an diese gute Meinung selber g l a u b e n."** Die Entstehungsbedingungen solcher Eitelkeit sind gleichfalls kompliziert. Der Eitle erwarb „Hemmungen zu lieben. Er wurde nicht genug geliebt. Die

---

* Thomas Mann: „Bekenntnisse des Hochstaplers Felix Krull", S. Fischer Verlag, S. 40
** Fr. Nietzsche: „Jenseits von Gut und Böse", Neuntes Hauptstück: Was ist vornehm? Abschnitt 261

Eitelkeit überhöht dann den Wert von T e i l e n der eigenen Person, um diese ganz lieben zu können. Sie muß sich so verhalten, weil sie zu wenig Liebe empfing. Sie ist ja dessen unsicher, ob sie eigentlich als Ganzes liebenswert ist oder nicht."* Doch von solch schwerer seelischer Störung soll hier nicht die Rede sein. Die Art, in der Eitelkeit in der vorangegangenen Szene in Erscheinung tritt — Eitelkeit als unbefangene Freude an der eigenen Person, verbunden mit dem Wunsch, auch anderen zu gefallen —, ist jedenfalls vergleichsweise harmlos, ist nur menschlich.

Vielleicht sollte man sich und den anderen von allen sogenannten Lastern unbesorgt ein wenig zugestehen. Ein bißchen Neid, ein bißchen Eifersucht, ein wenig Geiz und Habgier und eine Prise Herrschsucht und Eitelkeit sind aus der menschlichen Natur nicht zu lösen. Als Bereitschaften, als Möglichkeiten, die bei entsprechendem innerem oder äußerem Anlaß sich in Impuls und Handlung umsetzen, gehören sie zum notwendigen Bestand. Zu eigentlichen Lastern werden sie erst dann, wenn sie sich zu starrer zwanghafter Haltung ausbilden, wenn der Betreffende von ihnen beherrscht wird, anstatt sie zu lenken und zu steuern.

Der Mensch kann in zwei Richtungen von seiner ihm eigentümlichen Natur abweichen hinein ins „Unmenschliche" (siehe auch Seite 23 ff.). Eine solche Abweichung geschieht einmal, wenn er sich hemmungslos seinen animalischen Antrieben und Bedürfnissen überläßt, hemmungslos und damit ungesteuert. Er wird dabei nicht etwa zum Tier im biologischen Sinn; denn das Tier bleibt in der vitalen Fülle seiner Antriebe immer gesteuert, gelenkt durch die „angeborenen und artspezifischen Verhaltensfiguren"** seiner Instinkte, die ihm Ziel und Grenzen setzen. Auch die animalischen Antriebe des Menschen werden gesunderweise gesteuert — jedoch nicht im Sinne von blind zielsicheren Automatismen, die jede Entscheidungsfreiheit ausschalten. Sie werden vielmehr gelenkt durch das Bedürfnis des Menschen nach Mitmenschlichkeit, nach Dauer und nach einem Gesamtentwurf seines Lebens, der immer auch die Zukunft einbezieht. Diese „höheren" Bedürfnisse lösen den Menschen vom „Pflock des Augenblicks", woran das Tier mit seiner Lust und Unlust kurz angebunden ist***, und machen es ihm möglich, mit seinen nach Befriedigung drängenden animalischen Antrieben so umzugehen, daß sie seine mitmenschlichen Beziehungen nicht

---

* H. Schultz-Hencke: „Der gehemmte Mensch", Georg Thieme Verlag 1947, S. 168
** A. Gehlen: „Der Mensch", Athenäum-Verlag 1955, S. 26
*** Fr. Nietzsche: „Vom Nutzen und Nachteil der Historie für das Leben", I

stören, sondern erhalten und fördern, und daß sie sich in die ihm vor-
schwebende Ganzheit seines Lebens einordnen.

Die andere Abweichung ins „Unmenschliche" wird oft als moralisch
besonders hochwertig angesehen. Sie kommt dadurch zustande, daß ein
Mensch den animalischen Bereich, den „Erdenrest" in seiner Natur nicht
anerkennen will, daß er seinen animalischen Antrieben die Kandare an-
legt, sie sozusagen übersteuert, indem er nach oben, ins Geistig-Sittliche,
in sublime Bereiche hinein ausweicht. Sublimierung ist lebensdienlich,
wenn sie danach trachtet, die animalischen und geistigen Strebungen
des Menschen zu einem harmonischen Ganzen zu ordnen. Als „Flucht
aus dem Außen oder dem Innen, etwa der Härte der Welt oder den un-
geformten Durchbrüchen der Animalität"* bedeutet sie dagegen, wie gesagt, ein Ausweichen ins „Unmenschliche".

Wie unmenschlich diese unechten Sublimierungen sind, erweist sich
an den Kindern, wenn sie tragischerweise in solch einer Atmosphäre
aufwachsen müssen. Diese künstliche Höhenluft tut den Kindern gar
nicht gut, da sie zwangsläufig alles Animalische, Sinnenhafte, kurz alles
Irdische ihnen verbietet, tabuiert und der Verkümmerung überantwor-
tet. Solch ein „Unmensch" wird niemals eine starke gefühlshafte und ge-
mütvolle Beziehung zum Kind ausbilden, worauf es zu seiner gesunden
Entfaltung doch angewiesen ist, sondern wird ihm stattdessen die dünne
Luft einer wurzellosen Geistigkeit und Moralität anbieten.

Er steht darüber.

In beiden Szenen tritt ein Ehemann auf, der sogenannte negative Affekte wie Wut, Zorn, Ärger bei sich und anderen ablehnt. Er hat sich
einen Sockel errichtet, der ihn über den Schlamm, in dem derartige Gefühle brodeln, erhebt und ihn somit absondert von allem, was ihm ge-
mein, gewöhnlich und plebejisch erscheint. Ist es nötig zu erklären, daß
es sich dabei um eine unechte Überlegenheit handelt?

Solche Menschen wurden meistens in der Kindheit einer streng-autori-
tären Erziehung unterworfen, die es ihnen nicht gestattete, Kritik, Ablehnung und Auflehnung offen zum Ausdruck zu bringen. In der weiteren
Entwicklung wurden die nicht zugelassenen und somit verdrängten Gefühle und Affekte in der Weise „verarbeitet", daß zum Ausgleich und
zur Entschädigung sozusagen ein Sockel, eine hohe Warte errichtet
wurde, die den Betreffenden der gemeinen Menge entrückte. Es wurde
also aus der Not, aus der Unfähigkeit, einen bestimmten Teil des mensch-

---

* H. Schultz-Hencke: „Der gehemmte Mensch", Thieme-Verlag 1947, S. 209

lichen Gefühlsspektrums spontan zu äußern, die Tugend einer unechten Selbstbeherrschung, einer Selbstüberhebung gemacht.

Die Partnerin dieses Ehemannes spürt die Unechtheit seiner Selbstüberhebung genau heraus und ist verständlicherweise darüber verärgert. Es ist jedoch sehr schwer, sich gegen solche Überheblichkeit erfolgreich zu wehren; denn der „überlegene" Partner fühlt sich natürlich umso mehr im Recht, je wütender und ausfallender die unbefangene Partnerin sich gebärdet. Dadurch wird eine wirkliche Auseinandersetzung von vornherein unterbunden. Eine solche Auseinandersetzung ist nur dann möglich, wenn man sich auf derselben Ebene bewegt. Wie soll man mit einem Menschen fechten, der auf einem Sockel steht? Übrigens spricht die leidenschaftliche Verteidigung einer Einstellung zunächst weder für noch gegen deren sachliche Richtigkeit.

Die Podesthaltung eines Ehepartners ist geeignet, ernstere Ehekrisen heraufzubeschwören als noch so stürmische Auseinandersetzungen. Ein Mann, der ständig von erhabenem Postament herab apodiktische Werturteile fällt, wird bei der Partnerin alle spontanen Gefühlsäußerungen allmählich ersticken. Sie wird entweder resignieren, oder sie wird sich dem in seiner Spontaneität eingeengten Ehemann entziehen, um nicht selbst in gleicher Weise zu verkümmern.

Der Mann im Haushalt

Das Problem, um das es hier geht, hat in den letzten Jahrzehnten an praktischer Bedeutung zusehends gewonnen. Im Lauf der Industrialisierung und der daraus resultierenden Arbeitsteilung drang die sich emanzipierende Frau in alle Berufszweige ein, die vormals ausschließlich dem Manne vorbehalten waren. Und viele Frauen bleiben heutzutage auch nach ihrer Verheiratung berufstätig oder zumindest mit Gelderwerb z. B. als Hilfsarbeiterin beschäftigt, dazu getrieben durch wirtschaftliche Notwendigkeit, durch speziellen Betätigungswunsch oder auch durch beides zugleich. Damit taucht die Frage der Arbeitsteilung innerhalb der Ehe auf. Eine Frage, die vordem so gut wie ausschließlich gelöst war durch die Konvention: Der Mann verdient das Geld, und die Frau versorgt den Haushalt.

Diese Konvention hat auch heute weithin ihre Gültigkeit behalten. Doch überall, wo die Ehefrau sich am Gelderwerb und damit an der wirtschaftlichen Versorgung der Familie beteiligt, erhebt sich die Frage, wie denn nun auf dem anderen Sektor, dem hauswirtschaftlichen, der vordem reine Domäne der Frau war, die Lasten verteilt werden könnten.

Und es erscheint nur gerecht, wenn umgekehrt der Ehemann nunmehr einen Teil der Aufgaben in diesem Bereich übernimmt.

In den Vereinigten Staaten hat sich diese Art der ehelichen Arbeitsteilung schon weitgehend eingespielt, wobei es vorkommen mag, daß der Mann gelegentlich nicht nur „eingespielt", sondern überspielt und ihm der Löwenanteil der anfallenden Hausarbeit zugeschanzt wird. Andererseits ist ein entschieden ablehnendes Verhalten wie das des Ehemannes in der ersten unserer beiden Szenen sicherlich kein Zeichen besonderer Männlichkeit. Es ist vielmehr oft genug Ausdruck des Bedürfnisses, sich von „Mutti" total umhegen und hätscheln zu lassen.

Wie ist die Vorgeschichte dieses „starken Mannes" vorzustellen? Sehr oft wird in solchen Elternhäusern der Mann, das Männliche überhaupt übermäßig geschätzt. Eine so eingestellte Mutter schickte zum Beispiel ihren kleinen Sohn von seinem fünften Lebensjahr an nicht mehr aus, um Nahrungsmittel — besonders verpönt war die Milchflasche — für die Familie einzukaufen. Solches sei unmännlich, wurde gesagt. Einzig der Biereinkauf bildete eine Ausnahme. Es war mannes-würdig, allabendlich dem Vater im Ausschank — die Familie wohnte in Bayern — den Maßkrug füllen zu lassen.

Dieser kleine Zug war repräsentativ für eine ganze Atmosphäre, die den Mann, um seines Geschlechtes willen, vielfach privilegierte und ihm von Kindheit an ein Gefühl besonderer Vollkraft vermittelte.

Doch wie sieht die Kehrseite solch männlicher Vollkraft aus. Denn Charakter ist . . . „oft sein Gegenteil, möcht' man sprechen."*

Dieser kleine Junge wurde in vielen praktischen Belangen von seiner Mutter völlig abhängig. Er entwickelte sich hernach zu einem Mann, der alle „belanglosen Kleinigkeiten" des Alltags seiner Frau zuschob wie Behördengänge, familiäre und freundschaftliche Korrespondenz, Planung und Organisation von Urlaubsreisen und Wochenendausflügen und ähnliches. Mit derlei Dingen befaßte sich seine Männlichkeit nicht, ohne lange Zeit zu bemerken, wie unselbständig er in diesen Bereichen geblieben war und wie kindhaft abhängig von einer bemutternden Frau.

Wie man die Arbeitsteilung im häuslichen Bereich regelt, das wird zum Teil auch von Neigung und Geschmack der Beteiligten abhängen. Es gibt Männer, die nicht ohne Begeisterung mit Kochlöffel und Quirl hantieren und die mehr vom Unterschied zwischen einer Einbrenne und einer geschlagenen Tunke sowie von Grammel-, Mürb- und Blätterteig und ähnlichen Grundelementen der Kochkunst verstehen als manche Frau, ja, deren gestalterische Phantasie auf dem Terrain zwischen

---

* A. Kerr: „Die Welt im Drama". Kiepenheuer u. Witsch 1954, S. 224

Speisekammer und Kochherd geradezu brilliert. Es gibt aber andererseits auch solche, die nur am fertigen Menü interessiert sind und die beinahe Abscheu erleben angesichts brodelnder Kochtöpfe und brutzelnder Pfannen. Statt dessen finden sie vielleicht ein kaufmännisches Vergnügen daran, den Einkauf für Küche und Keller zu besorgen und die Angebote des Wochenmarktes dem Budget nutzbar zu machen.

Viele Möglichkeiten gibt es, zu Zweien einen Haushalt zu bewältigen. Sie aufzuzählen, würde hier zu weit führen. Jedenfalls haben die beiden Eheleute der *zweiten Szene* diese Aufgabe gelöst. Sie streiten sich nicht um Zuständigkeiten, sondern sie verhalten sich so, wie es zwei Menschen tun, die in demselben Boot sitzen. Sie wissen, daß es ihrer beider Interessen dient, wenn der Haushalt sich schnell und reibungslos abwickelt.

Natürlich kann das erörterte Problem auch so gelöst werden, daß eine Hausgehilfin die Sorge für den Haushalt übernimmt. Selbstverständlich. Dann würden manche der erörterten Schwierigkeiten in dieser Form nicht in Erscheinung treten. Doch eine solche Lösung ist aus mancherlei Gründen — sei es aus Geldmangel, sei es aus Mangel an solchen Kräften — oft nicht möglich.

2. „Angeberei"

Der Hypochonder

Der „eingebildete Kranke" oder der Kranke, der, argwöhnisch gegenüber dem eigenen Körper, auch hinter leichten Krankheitssymptomen ein verhängnisvolles Geschehen wittert oder wirklich zu erleben meint. Sicher kann es jedem einmal passieren, daß er bei irgendeiner banalen Erkrankung einen gefährlichen Krankheitsprozeß vermutet, von dem er vielleicht gerade kürzlich gehört oder gelesen hat. Wenn es dagegen häufiger geschieht oder die Befürchtung einer schweren Erkrankung bei fehlenden oder vergleichsweise harmlosen gesundheitlichen Störungen zu einem Dauerzustand wird, dann reichen vordergründige Erklärungen nicht mehr aus, um den betreffenden Menschen zu verstehen. Dann handelt es sich um eine verborgene Motivation, um ein nicht voll erlebtes Bedürfnis bestimmter Art, das eine solche Krankheit „will" und das sich ihrer bedient, um befriedigt zu werden. Dieses Bedürfnis durchtränkt das Erleben des betreffenden Menschen und treibt ihn, sich mit Hilfe einer Krankheit das zu verschaffen, was er sich sonst oder nur ungenügend zu holen weiß.

Es tritt aber die sogenannte Hypochondrie im allgemeinen dann auf, wenn jemand seine Geltungswünsche, sein Streben nach Anerkennung und Bestätigung nicht genügend erleben und verwirklichen kann. Es kommt zu gesteigerter Selbst-Beachtung, weil er bei den anderen Menschen nicht genügend Beachtung findet, zur Überschätzung eigener körperlicher Sensationen, weil er sich von den anderen nicht so geschätzt fühlt, wie er es im Grunde wünscht, zu gesteigerter Zuwendung sich selbst gegenüber, weil die Zuwendung der anderen als nicht ausreichend erlebt wird. Gleichzeitig versucht er unbewußt, durch die Krankheit zu erzwingen, daß auch die anderen Menschen ihm mehr Beachtung schenken. Er hofft, durch Krankheit „bemerkenswert" zu werden und jene Bestätigung zu erlangen, die ihm sonst nicht erreichbar ist.

Auch der Ehemann der vorangegangenen Szene kann offenbar seine Geltungswünsche nicht ausreichend verwirklichen. Allein die Tatsache, daß er in einer Zeit der Vollbeschäftigung länger arbeitslos ist, mag ein Zeichen seiner Zaghaftigkeit im Geltungsbereich sein. Damit setzt ein Teufelskreis ein, der den betreffenden in zunehmende Bedrängnis bringt. Infolge seiner Zaghaftigkeit stellungslos, gerät er mit seinen Wünschen nach Ansehen und Geltung noch mehr ins Hintertreffen. Aus dieser Not greift er gleichsam zur Krankheit — nicht bewußt-absichtlich versteht sich —, um wenigstens in seiner Familie Mittelpunkt zu sein und mit Aufmerksamkeit bedacht zu werden.

Der Angeber

In beiden Szenen geht es um Angeberei, um Aufschneiderei, um Großsprecherei, um Prahlerei — ein Phänomen, das von recht verschiedener Bedeutung sein kann.

Die Angeberei des Ehemannes in der ersten Szene ist eigentlich zu bejahen. Sie ist ein schauspielerisches Herausstreichen der eigenen Möglichkeiten, ist ein vorwegnehmendes Genießen noch zu entfaltender eigener Potenzen. Diese Art Prahlerei war als Vorspiel des eigentlichen Kampfes und der Auseinandersetzung Mann gegen Mann bei den Helden des Altertums gang und gäbe. Sie wird von den homerischen Helden, etwa von Hektor und Aius oder auch von Aineius und Achilleus ebenso berichtet wie von den Streitern des alten Testaments David und Goliath. Auch bei den Naturvölkern streichen die Kämpfer durch Gestik und Stimmaufwand sowie durch bedrohliche Ausgestaltung von Kampfkostüm und Waffen die eigenen Kräfte heraus, um den Gegner und ein etwa vorhandenes Publikum zu beeindrucken. Bei den Tieren ist ein ähnliches Verhalten gleichfalls beobachtet und als Imponiergehabe beschrieben worden. Prahlerisches Herausstreichen der eigenen Kräfte, übermütige Freude an den eigenen Möglichkeiten — wer wollte es einem

verübeln? Wer seinen Mann zu stehen weiß, darf sich ruhig auch herausstreichen. „Nur die Lumpe sind bescheiden".

Gefährlich ist es dagegen, wenn die Prahlerei dazu dient, sich aufzu-
spielen, sich aufzublasen, sich nicht, wie im ersten Fall, die eigene Stärke
bewußt zu machen, sondern vielmehr Stärke zu markieren, wo man im
Grunde schwach ist, die eigene Hilflosigkeit zu überspielen und damit
sich und die anderen zu täuschen. So geschieht es in der *zweiten* Szene.
Der Ehemann spielt sich auf, spielt sich hinauf zu einem großen, viel-
vermögenden Mann und ist im Grunde doch noch ein kleiner, wenn auch
kluger Junge, der sich von Vater und Ehefrau versorgen läßt. Es ist ratsam, solcher Großmannssucht entgegenzutreten. Sie kann, wird ihr nicht
Einhalt geboten, gewaltig ins Kraut schießen und zu einem ganzen Wust
von Illusionen wuchern — zu einer Scheinwelt, gebildet aus lauter:
„Wenn-ich-erst-einmal-anfange" und „Wenn-ich-könnte-wie-ich-wollte".
Die Wirklichkeit verschwindet und verkümmert mehr und mehr unter
diesem Wust.

Hinter solch einer hochstaplerischen Prahlerei steckt immer Angst —
Angst, nur als großer und irgendwie hervorragender Mann geliebt
zu werden. Solch ein Mensch braucht es zu erleben, daß er angenommen und bestätigt wird, wie er ist — unvergrößert, in seinen natürlichen Dimensionen. Freilich sind damit die eigenen Idealforderungen
nach überragender Größe für den betreffenden noch nicht aufgehoben.
Das bedarf einer oft langwierigen Auseinandersetzung.

Angeberei kann also zweierlei bedeuten: Bejahung eigener prospekti-
ver Möglichkeiten oder Überspielen eigener Schwäche: „Wer angibt, hat
mehr vom Leben" oder „Wer angibt, hat's nötig".

3. Prestigesucht

Das Ehrenamt

Diese Frau hat ihre eigenen Geltungstendenzen, ihren eigenen Ehrgeiz
nicht ausreichend verwirklichen können. Deshalb macht sie den Ehepartner zum Aushängeschild ihrer Geltungswünsche. Er ist das Pferd,
mit dem sie ihren eigenen Ehrgeiz beritten machen möchte — ohne notfalls Sporn und Peitsche zu schonen. Dergleichen geschieht häufig. Folgende soziale Faktoren mögen dabei eine Rolle spielen.

Es wurde in unserer bisher patriarchalisch gegliederten Sozietät der
Frau niemals leicht gemacht, ihr Geltungsstreben voll zu entfalten.
Solche Mädchen wuchsen in einer Atmosphäre auf, in der es als unweib-
lich galt, aggressive Züge zu entwickeln, sich aktiv durchzusetzen, ehr-
geizige Ziele und Leistungsstolz anzustreben.

Äußerten sich bei dem kleinen Mädchen solche Regungen, dann wurden sie nicht beachtet geschweige denn gefördert, oder es hieß im Sinne einer direkten Ablehnung: „Aber Liebling, du bist doch kein Junge." Weiblichkeit wurde ausschließlich gleichgesetzt mit Weichheit, Nachgiebigkeit, Anschmiegsamkeit und Fürsorglichkeit. Alle aggressiven Möglichkeiten dagegen waren im Sinne sowohl von Recht − von Vorrecht in diesem Falle − wie auch von Pflicht und Verpflichtung dem Manne vorbehalten.

Was Wunder, wenn die in solcher Weise erzogene Frau sich darauf einstellte, die eigenen Geltungstendenzen, zu deren aktiver Entfaltung sie sich nicht berechtigt fühlen durfte, an den Mann, an den Partner zu heften und von ihm zu erwarten, daß er als Statthalter des weiblichen Ehrgeizes fungiere.

Besonders heikel aber wurde die Situation im Zeitalter der Technik, der modernen Arbeitsteilung und Mechanisierung, die auf dem Gebiet der Hauswirtschaft − der eigentlichen Domäne der Frau − erhebliche Kräfte freisetzte. Man vergegenwärtige sich den Wirkungsbereich einer Landfrau noch des vorigen Jahrhunderts, die den Eigenbedarf der Familie an Nahrung und Kleidung weitgehend selbst herstellte oder bei dessen Herstellung Regie führte − vom Spinnrocken bis zum Webstuhl, vom Melkeimer bis zum Butterfaß, von der Getreidegarbe bis zum Backofen. Aber auch die Aufgaben einer Hausfrau in der Stadt waren damals noch vielfältig und forderten Rüstigkeit und ein hohes Maß an Umsicht. Ihnen gegenüber ist die Inhaberin eines modernen, oft weitgehend automatisierten Haushaltes in einem hochindustrialisierten Land zu einer Queenlack-land, einer Königin ohne Land geworden. Die durch die neuzeitliche Entwicklung freigesetzten Kräfte formierten sich in der Frauenbewegung. Die Emanzipation wurde eine notwendige Selbsthilfe.

Dabei haben wir aus den treibenden Ursachen nur einen, und zwar einen soziologischen Faktor herausgegriffen. Die Emanzipation der Frau ist jedoch nicht nur ökonomisch-soziologisch bedingt. Vielen intelligenten und initiativefreudigen Ehefrauen genügt es vor allem auch aus Gründen der Selbstverwirklichung nicht, nur Hausfrau zu sein. Sie brauchen eine haupt- oder nebenberufliche oder sonstige zusätzliche Tätigkeit, um ihre Kräfte entfalten zu können.

Frankfurter Messe

Erste Szene: Ihre heftige Abwehr ist verständlich. Er ist völlig beherrscht von der Sorge um sein Prestige. Der geschäftliche Erfolg ist zum Idol seines Lebens geworden. Alles andere ist ihm Mittel, das diesem Zweck zu dienen hat − auch die Ehepartnerin.

Ihre hübsche Erscheinung, ihre Eleganz, ihre gesellschaftliche Gewandtheit, das alles hat der Repräsentanz seiner Firma zu dienen, mit der er sich und sein Leben weitgehend identifiziert hat. Sicherlich gehört Repräsentanz zu den Aufgaben, die einer Frau zufallen, wenn ihr Ehepartner in der Geschäftswelt seinen Platz hat und ihn behaupten muß. Aber es ist schlimm, wenn der Ehemann die Partnerin mit dieser Repräsentanz identifiziert und sie als Objekt ohne Eigenwillen und Eigenleben sozusagen handhabt. Die Ehe wird auf solche Weise von allem Gefühlshaften entleert. Was Wunder, wenn die Frau dagegen aufbegehrt. Es stände schlimm um sie, täte sie es nicht.

Wie kommt der Mann zu seiner Prestigesucht? Wir wollen hier nicht allen Wurzeln dieses Charakterzuges nachgraben, sondern nur eine, freilich die entscheidende, der Entwicklungslinien verfolgen.

Prestigesüchtige Menschen haben als Kinder im elterlichen Milieu zumeist erlebt, daß der Wirkung auf die anderen ein ungeheurer Wert beigemessen wurde. „Was macht denn das für'n Eindruck?" ist der typische Tadel in solchen Familien. Das ganze Familienleben spielt sich in ständiger Rücksicht auf die Resonanz der Umwelt ab. Die anderen sind das Publikum, vor dem man agiert, ein Publikum, das dauernd zu Anerkennung und Bewunderung veranlaßt und hingerissen werden soll. Was sagen die anderen dazu? Das ist das Maß, mit dem fast alles Tun und Lassen geprüft und gewertet wird.

Der fünfjährige Dieter kommt von einer Geburtstagsfeier bei einem Freund nach Hause und wird nicht als erstes gefragt: „Hat es dir gefallen? – War es schön? – Was habt ihr gespielt?" – Sondern: „Was hat Frau Müller denn zu deinem neuen Anzug gesagt? – Hast du ihnen denn auch das Lied auf dem Klavier vorgespielt, das du schon kannst: Der Kuckuck und der Esel? – Hast du erzählt, daß Papa und Mama in der nächsten Woche nach Teneriffa fliegen? – Hast du gesagt, daß unser Horst das Staatsexamen mit 1 bestanden hat?"

Solche Eltern erzeugen durch ihr Verhalten eine Atmosphäre, die von Prestigeverlangen knistert und das Kind entsprechend beeindruckt. Eine öffentliche Anerkennung des Vaters löst eine tagelang anhaltende Hochstimmung in der Familie aus. Die gescheiterte und deshalb von den Zungen der Bekanntschaft weidlich durchgehechelte Verlobung der großen Schwester drückt anhaltend auf das Familienprestige. Das Kind erlebt auf solche Weise, daß Befindlichkeit und Stimmung des Menschen wesentlich von seiner Wirkung auf die Umwelt und von deren Anerkennung abhängen, und es orientiert sich entsprechend.

Doch kein Mißverständnis! Rücksicht auf das Urteil der anderen und auf das eigene Ansehen in der Welt ist wichtig, aber doch nur, wenn die

Fähigkeit zu eigenem Urteil und eigenen Wertsetzungen erhalten bleibt und wenn das Ansehen, das man bei den anderen genießt, nur e i n Wert unter anderen und nicht die alles beherrschende Idee ist. Andernfalls bildet sich das Suchen nach Prestige allmählich zu einem hervorstechenden Charakterzug aus. Alles Tun und Lassen wird nach dieser Kompaßnadel ausgerichtet. Schließlich wird selbst die Ehefrau nur noch als Repräsentanz der eigenen Großartigkeit gesehen und eingesetzt.

Wie eine solche Einstellung sich in der Partnerschaft auswirken kann, zeigt unsere Szene. Unser Ehemann könnte der unseligen Orientierung an einem überwertigen Prestige nur entrinnen, wenn er sich klarmachen würde, welchen Preis er für seine Prestigesucht zahlt. Er müßte erleben, daß zum Beispiel der Verlust der gefühlshaften Verbundenheit mit seiner Frau ein zu hoher Preis ist. Dann ließe er sich durch den affektiven Ausbruch der Partnerin, der eventuell den Ausbruch aus der Ehe ankündigt, vielleicht warnen und zu einer Umstellung bewegen. Er müßte die Werte Prestige und Verbundenheit ihrer wirklichen Bedeutung entsprechend umstellen.

Für den Partner unserer *zweiten Szene*, der ein nicht minder erfolgreicher Geschäftsmann zu sein braucht, ist die Ehefrau Mitwirkende und Mitspielende, ist Partnerin im eigentlichen Sinne des Wortes. Auch diese Frau hat ihre repräsentativen Aufgaben und wird von ihrem Mann in verständlicher Eitelkeit den Leuten ganz gern einmal gezeigt. Aber all das vollzieht sich in einer Atmosphäre der Verbundenheit.

D. Störungen der Kritikfähigkeit

1. Kritik zur unrechten Zeit

Die Gardinenpredigt (Erste Szene)

Er kommt abends vom Büro nach Hause — Dreiviertelstunden später, als mittags angekündigt. Sie erwartet ihn, nervös und ärgerlich, weil sie Mühe hatte, das Essen warm zu halten. Bei Tisch.

Sie: (vorwurfsvoll) Deine Unpünktlichkeit bringt mich noch zur Verzweiflung. Du hast doch mittags gesagt, du würdest bestimmt um sieben Uhr zu Hause sein. Ich hätte sonst kaltes Abendbrot gemacht. Die Leber war pünktlich fertig. Und jetzt müssen wir sie aufgewärmt essen. Ein Pfannengericht aufgewärmt! Du hast es dir selbst zuzuschreiben, wenn es dir nicht schmeckt.

Er: (sichtlich abgespannt und etwas gleichgültig vor Müdigkeit) Entschuldige bitte! Aber es ging wirklich nicht eher. Wir haben belgische Kunden dagehabt, und die Besprechung zog sich endlos hin. Ich konnte dich nicht mal anrufen.

Sie: (erbost) Und wenn schon ... (Stochert mit angewiderter Miene auf ihrem Teller herum) Igitte, diese Leber schmeckt wie gebratene Pappe. (Guckt ihn böse an) Natürlich hast du eine Entschuldigung ... Aber du nimmst ja auch sonst keine Rücksicht auf mich. Du übergehst mich einfach vor lauter Arbeit, und das schon seit Monaten. Du bringst mir keine Blumen mehr mit, du gehst mit mir weder ins Theater noch ins Konzert, und dann, was mich besonders wurmt, neulich ...

Er: (rückt seinen Stuhl vom Tisch weg, verärgert) Hör bitte auf, aber sofort! Ich kann das jetzt nicht vertragen. Ich komme völlig erledigt nach Hause und muß mir deine Gardinenpredigt anhören. Ob das Essen aufgewärmt oder kalt ist, das ist mir egal. Aber Ruhe will ich haben. Entweder machst du jetzt Schluß, oder ich geh und esse in der Stadt.

Die Gardinenpredigt (Zweite Szene)

Er und sie sitzen am Sonntagnachmittag in der Dämmerung zusammen und trinken Tee. Draußen schneit es. Das Zimmer scheint deshalb doppelt behaglich.

Sie: (schenkt ihm Tee ein.) Ich hab übrigens einiges mit dir zu bereden, mein Schatz. Nicht gerade Angenehmes. Ich hab mich in letzter Zeit ziemlich oft über dich geärgert. Ich finde, wir könnten das jetzt mal bereinigen. Was meinst du?

Er: (rückt sich in seinem Sessel zurecht.) O je, laß mich bloß leben! Aber was gibt's denn? Es ist mir auch lieb, wenn wir gleich darüber sprechen. Ich hab dir übrigens schon angemerkt, daß du was gegen mich hast.

Benimm dich! (Erste Szene)

Sie sind seit kurzem verheiratet und sehen heute zum erstenmal Gäste bei sich. Sie haben eine gute Freundin von ihr und deren Mann, einen bekannten Architekten, zum Abendessen eingeladen. In der Diele. Er hat sich von dem Herrn, der noch im Mantel ist, in ein Gespräch über die vereisten Straßen verwickeln lassen und versäumt es, der Dame den Pelz abzunehmen.

126

Sie: (mahnend) Aber Manfred! Möchtest du Helga nicht aus dem Mantel helfen?

Er: (eilfertig) Bitte vielmals um Entschuldigung, gnädige Frau.

Später beim Essen. Er ißt seine Suppe mit leisem Schlürfen.

Sie: (halblaut) Manfred, ich bitte dich . . .

Er: (wirft ihr einen kurzen wutfunkelnden Blick zu.)

Nach dem Essen in seinem Zimmer bei Kaffee und Likören. Die beiden Ehepaare rauchen und plaudern. Er war anfangs sehr schweigsam. Doch als die Rede einmal flüchtig auf den Sport, auf Betätigung im Freien und von da aus auf die Jagd kommt, erwärmt er sich. Die Jagd ist sein Steckenpferd. Er erzählt einige Jagderlebnisse, wobei er immer mehr in Feuer gerät und nicht bemerkt, daß dieses Thema die Gäste offenbar nicht sonderlich fesselt.

Sie: (unterbricht ihn.) Bitte Manfred, schenk mir noch einen Chartreuse ein. Und außerdem laß uns das Thema wechseln. (Zu den Gästen gewandt) Mein Mann hat nun einmal diese Passion.

Er: (mit leicht gerötetem Gesicht) Oh, entschuldigen Sie.

Benimm dich! (Zweite Szene)

Er und sie, seit kurzem verheiratet, sind heute erstmals zum Essen bei seinem Vorgesetzten eingeladen. Sie sitzen sich bei Tisch gegenüber. Er schlürft seine Suppe, nicht sehr laut, aber doch unüberhörbar. Als er einmal aufguckt, zieht sie die Augenbrauen ein wenig hoch und zieht die Luft durch die zugespitzten Lippen ein. Niemand außer ihm hat es bemerkt und er ißt fortan geräuschlos.

Nach dem Essen bei Mokka und Zigarre kommt es zwischen den beiden Männern zu einem Gespräch über die bevorstehende Regierungsbildung. Da die Meinungen divergieren, wird das Gespräch allmählich erregt. Insbesondere der Gast gerät in Feuer und fällt seinem Vorgesetzten mehrfach ins Wort. Sie, im Gespräch mit der Gastgeberin, beobachtet seine Temperamentsausbrüche etwas besorgt.

Sie: Ihre Räume sind wundervoll, gnädige Frau. Und was ich fragen wollte: Das Bild dort nebenan über dem Sofa . . . Ist das ein Goya?

Gastgeberin: Ja, die bekleidete Maya. Eine Kopie natürlich.

Sie: Darf ich sie mir mal näher angucken?

Gastgeberin: Aber selbstverständlich, meine Liebe.

Sie: (geht ins Nebenzimmer und ruft von dort in das Gespräch der Männer hinein) Horst! Verzeihung, Herr Präsident — Horst, komm doch mal einen Augenblick und sieh dir diesen Goya an.

Er: (steht auf und geht zu ihr hinüber.)

Sie: (murmelnd) Echauffier dich nicht so, Schatz, und unterbrich den Alten nicht ständig. Er ist bereits verstimmt.

Er: (leise) Merci bien, chérie.

2. Kritik unter falschem Vorwand

Klaus spielt mit der Eisenbahn. (Erste Szene)

Spätnachmittag. Er sitzt am Schreibtisch und arbeitet. Im Nebenzimmer spielt der fünfjährige Klaus mit einer elektrischen Eisenbahn. Die Eisenbahn rattert. Eine Trillerpfeife gibt Abfahrtssignale und mit der Tonstärke eines öffentlichen Lautsprechers werden Anschlußzüge bekanntgegeben, genau wie auf dem Hauptbahnhof. Er ist wiederholt nach nebenan gegangen und hat versucht, den Spiellärm des Kindes zu dämpfen. Ohne Erfolg. Schließlich springt er so heftig auf, daß der Stuhl umfliegt, stürzt nach nebenan, greift den Sprößling, legt ihn übers Knie und versohlt ihn, dampfend vor Zorn. Klaus schreit wie am Spieß. Sie kommt hereingestürzt, entreißt ihm das brüllende Kind und nimmt es in ihre Arme.

Sie: (aufgebracht) Warum mußt du denn immer gleich prügeln, noch dazu ein so zartes Kind wie den Klaus.

Er: (noch etwas erregt) Zart ist gut. Der Lärm, den er hier produziert hat, war jedenfalls reichlich unzart. Dabei soll ein Mensch arbeiten.

Sie: Klaus h a t ein zartes Gemüt. Er ist genau so wie ich. Ihn wegen ein bißchen Lärm zu prügeln! Du hast ihm bitter Unrecht getan. Aber mich wundert das nicht. Zu mir bist du ja auch immer gleich so grob. Man kann doch auch behutsam vorgehen.

Er: Natürlich! Eure zarten Gemüter, die man am besten in Watte packen und in einer Vitrine verwahren sollte. Aber ich bin schließlich auch nicht von Stein. Ich hab auch Nerven. Das kannst du mir glauben.

Sie: (verläßt gekränkt mit dem Kind das Zimmer.)

Klaus spielt mit der Eisenbahn. (Zweite Szene)

... Schließlich springt er so heftig auf, daß der Stuhl umfliegt, stürzt nach nebenan, greift den Sprößling, legt ihn übers Knie und versohlt ihn, dampfend vor Zorn. Nachdem Klaus seine Prügel bezogen hat, kommt er vor Wut heulend zur Mutter.

Klaus: Vati hat mich verdroschen ... Ich hasse ihn.

Sie: So, er hat dich verhauen. Klar, daß du jetzt wütend bist. Was hast du denn ausgefressen?

Klaus: Nichts. Ich hab nur gespielt.

Sie: Na!?

Am Abend. Er und sie im Wohnzimmer, während das Kind schon schläft:

Sie: Warum hast du denn den Jungen verhauen heute nachmittag?

Er: Er machte einen infernalischen Lärm und ließ mich einfach nicht zum Arbeiten kommen.

Sie: Hm?! Aber meinst du, Prügel seien das Richtige?

Er: Sicher nicht. Du hast schon recht. Ich mag das eigentlich auch nicht. Aber es machte mich allmählich wild, als der Bengel absolut nicht leiser werden wollte, obwohl ich es ihm ein paarmal gesagt hatte.

Sie: Sag es mir doch, wenn du Ruhe brauchst. Ich bring Klaus dann schon dazu, leiser zu sein.

Wen liebst du mehr?

Er und sie streiten sich um das Ziel ihrer diesjährigen Urlaubsreise. Keiner will nachgeben.

Sie: Das ist mal wieder typisch. Aber du bist eben ein eingefleischter Egoist. Du denkst nie an andere. Selbst Thomas (der fünfjährige Sohn) hat das schon gemerkt. Neulich hat er gesagt: Vati hat immer zu tun. Der hat nie für mich Zeit. Dich hab ich viel lieber, Mutti.

Er: So, und was hast du ihm darauf erwidert?

Sie: Ich? Nun ja, ich habe gesagt, wie es ist. Männer sind nun mal so, hab ich gesagt. Die brauchen ihre Zeit mehr für sich.

Er: (böse) Das hast du also gesagt. Jetzt werde i c h ihn mal holen und ihn fragen, wen von uns beiden er lieber hat, dich oder mich.

Sie: Die Frage kannst du dir sparen. Mich natürlich. Er hat es mehr als einmal gesagt.

Er: Weil du ihn entsprechend gefragt hast. Suggestivfragen! Daß ich nicht lache!

Sie: (überlegen) Nein, mein Lieber, das hab ich ihm nicht einsuggeriert. Damit mußt du dich schon abfinden, daß mein Junge mich lieber hat als dich. Dazu kommt es eben, wenn man so egoistisch ist wie du.

3. Kritik in unpassender Form

Kochrezepte (Erste Szene)

Seit drei Wochen ist seine Mutter bei den jungverheirateten Eheleuten zu Besuch. Zwischen ihr und der Schwiegertochter schwelt von Anfang an ein heimlicher Machtkampf, der sich manchmal zu offenem Streit auswächst. Eines Abends bei Tisch. Beide Frauen sitzen einsilbig mit geröteten Gesichtern da. Es gibt Rindfleisch mit Porrégemüse. Die Schwiegermutter stochert im Porré herum, der süß-sauer mit Rosinen zubereitet ist. Sie hält es schließlich nicht mehr aus.

Schwiegermutter:

Ich will mich ja nicht weiter einmischen; aber ich finde es unmöglich, wie du den Porré zubereitest. Wie du sowas deinem Mann anbieten magst. Dabei hab ich dir doch neulich schon erklärt, wie ich es immer mache und wie Peter es gewöhnt ist: Schön mit holländischer Soße oder aber wie Spargel gekocht und mit brauner Butter übergossen.

Sie: (mühsam beherrscht) Ich hab es anders gelernt, und Peter hat sich bisher noch nie über meinen Porré beklagt. Vor allem aber ist dies hier mein Haushalt und nicht deiner. Immer wieder versuchst du, mich zu kommandieren und mich auf diese ekelhafte Weise zu kritisieren. Am liebsten möchte ich ... (Wirft ihr Besteck auf den Teller und schiebt ihn zurück) Ich k a n n das auf die Dauer einfach nicht ertragen.

Er: Aber hör mal, Käthe. Ist es denn so schlimm, wenn Mama dir mal einen Rat gibt. Sie hat doch schließlich ihre Erfahrungen. Warum willst du denn nicht von ihr lernen?

Sie: (hochrot vor Zorn) Natürlich! Du hältst zu deiner Mutter. Das hätt ich mir denken können. Du warst ja immer ihr Herzensjunge. Täglich erzählt sie mir, wie reizend euer Verhältnis war, bevor du geheiratet hast — ein Herz und eine Seele. Wozu dann überhaupt noch eine Frau?

Er: Werde nicht unsachlich! Das steht auf einem anderen Blatt. Aber ich finde es einfach dickköpfig, daß du nicht auf den Rat alter und erfahrener Leute hörst. Solange ich denken kann, ist Mama bekannt für ihre gute Küche.

Sie: (springt auf. Beide Hände auf den Tisch gestützt, wütend) Dann geh doch zurück zu deiner Mama und ihren Kochkünsten und laß dir von ihr Lauchstengel als Spargel vorsetzen und kluge Reden obendrein, du unverbesserlicher Hätschelhans du. (Läuft erregt hinaus)

Kochrezepte (Zweite Szene)

Sonntagvormittag. Seit drei Wochen ist seine Mutter bei den jungverheirateten Eheleuten zu Besuch. Die Schwiegermutter drängt der jungen Frau wie täglich ihre Hilfe im Haushalt auf, wobei sie die Haushaltsführung der Jüngeren unter eine recht kritische Lupe nimmt. Der seit Tagen zwischen den beiden Frauen schwelende Ärger wird an diesem Morgen zu einem munteren Feuerchen entfacht. Schließlich wird, von beiden Frauen, der Ehemann und Sohn als Schiedsrichter gerufen. Die Ehefrau steht am Küchentisch und spickt einen Rinderbraten mit Speck, um ihn dann in Butter und saurer Sahne anzubraten. Außerdem hat sie eine Soße für grünen Salat angemacht, mit süßer Sahne und Zitrone, wie es ihrem Geschmack entspricht.

Sie: (glühend vor Zorn) Deine Mutter will mich partout nicht so kochen lassen, wie ich will. Sie regt sich auf, daß ich den Rinderbraten frisch in den Schmortopf tue, anstatt ihn vorher ein paar Tage lang in Buttermilch zu legen. Und sie findet es unmöglich, daß ich nicht Mohnöl und Essig für den grünen Salat nehme. Ich halte diese ständige Einmischung in meinen, ja, ja, in m e i n e n Haushalt nicht mehr aus.

Schwiegermutter: (scharf)

Es hat schon seine Gründe, wenn ich dir so etwas sage. Es ist eben einfach schmackhafter, wie ich es mache, und Rolf ist es schließlich so gewohnt. Nicht wahr, Rolf? Nach meiner Meinung hat Ursel noch viel zu lernen, was die Küche anbelangt. Mich hat meine Schwiegermutter auch in die Schule genommen, als ich jung war, und ich danke es ihr noch heute.

Er: Wenn du meine Meinung hören willst, Mutter ... Also mir hat bisher noch alles bestens geschmeckt, was Ursel gekocht hat, auch der Schmorbraten und der Salat. Ich hatte noch nie Grund, mich zu beklagen. Du kannst ja gern Vorschläge machen, wenn du meinst, daß deine Rezepte besser sind. Aber Anleitungen und Anweisungen braucht Ursel wirklich nicht. Ich finde, sie ist durchaus auf der Höhe. Auch bei der Kocherei führen schließlich viele Wege nach Rom, findest du nicht? (Entdeckt ein geöffnetes Glas mit kleinen Gewürzgurken) Ah, Gurken, darf ich, Ursel?

Sie: (nickt.)

Er: (fischt sich eine Gurke heraus.) Und außerdem, Mutter, du sollst dich doch bei uns erholen und dich nicht mit Küchensorgen belasten.

Schwiegermutter:
Ursel kann ein bißchen Hilfe ganz gut gebrauchen.

Er: Wenn Ursel Unterstützung braucht, dann ruft sie mich schon. Ich wollte gerade in den Garten gehn. Kommst du mit?

4. Übertriebene Kritik

Die Kaffeekanne (Erste Szene)

Er sitzt im Wohnzimmer und liest. Plötzlich klirrt es in der Küche: Es hat Scherben gegeben. Er springt auf, rast hinüber und sieht die Bescherung: Eine Kaffeekanne — offenbar gutes Porzellan — liegt zerbrochen auf den Fliesen. Sie steht erschreckt davor.

Er: (mit erheblicher Lautstärke) Kannst du denn nicht aufpassen? Schließlich find ich mein Geld nicht auf der Straße. Dauernd schmeißt du was kaputt.

Sie: (schluchzend) Schrei doch nicht so! Es ist mir halt passiert. Und daß ich dauernd was kaputt mache, ist einfach nicht wahr.

Er: Ach was, flenne nicht! Gib lieber besser acht! Dann passiert sowas nicht. M i r ist noch nie was zerbrochen.

Sie: (aufbegehrend) Du gehst ja auch nicht soviel mit zerbrechlichen Dingen um wie ich. D i e Hausfrau möcht ich sehen, die noch niemals Scherben gemacht hat.

Die Kaffeekanne *(Zweite Szene)*

Er sitzt im Wohnzimmer und liest. Plötzlich klirrt es in der Küche: Es hat Scherben gegeben. Er liest ruhig weiter. Sie erscheint in der Tür, sehr kleinlaut, in der einen Hand den Henkel, in der anderen Hand die Tülle einer in zwei Stücke zerbrochenen Kaffeekanne.

Sie: Du, Martin, sieh dir das an! Eben passiert. Die Kaffeekanne. Und ausgerechnet die gute Rosenthaler. Ist es nicht traurig?

Er: Du liebe Güte, wenn es nichts Schlimmeres ist. Geh, mach nicht solch entsetzte Augen! Wir kaufen im nächsten Monat eine neue.

Sie: (erleichtert) Nett, daß du nicht schimpfst. Mein Vater hätte deshalb einen Mordsspektakel gemacht. Du bist lieb. (Gibt ihm einen Kuß)

Er: (fährt ihr durch das etwas wuschelige Haar.)

Sie: (geht hinaus und hält die Bruchstücke aneinander.) Schade — war 'ne schöne Kanne.

5. Rechthaberische Kritik

Tischmanieren *(Erste Szene)*

Er und sie sitzen sich am Mittagstisch gegenüber. Er ißt in ziemlich nachlässiger Form hastig und stumm vor sich hin, die Augen auf Teller und Schüsseln gerichtet. Sie hingegen befleißigt sich bester Manieren und handhabt ihr Eßbesteck mit betonter Grazie, wobei sie ihn immer wieder mißbilligend beobachtet. Schließlich.

Sie: Du schlingst mal wieder, als ob du acht Tage lang nichts gegessen hättest. Und wie du dasitzt! Die Ellbogen aufgestützt und krumm wie ein Affe. Ein reizender Anblick, Rolf. Das muß ich schon sagen.

Er: (brummend und ohne aufzugucken) Laß mich mit diesen Äußerlichkeiten in Frieden! Und kontrollier mich nicht ständig! Du nimmst mir allen Appetit.

Sie: Umgekehrt, Rolf, deine unmöglichen Manieren verderben m i r den Appetit. Aber was noch schlimmer ist: Du zerstörst dir deine

Gesundheit auf diese Weise. Wenn man alles halbzerkaut hinunterschlingt, dann muß ja der Magen auf die Dauer leiden, besonders wenn man ihn gleichzeitig durch eine gebückte Haltung regelrecht zusammenquetscht. Gut gekaut ist halb verdaut. Eine alte Weisheit. Kauen solltest du, mein Lieber, kauen! Auch deiner Zähne wegen. Du gebrauchst sie ja kaum. Kein Wunder, daß du ständig zum Zahnarzt laufen mußt. Überhaupt — eine Mahlzeit ist nur dann bekömmlich, wenn sie langsam und sorgfältig genossen wird. Denk mal drüber nach.

Er: (verdrossen) Halte deine Vorträge in der Volkshochschule. Du redest ja wie eine Lehrerin. Selbst wenn was dran ist — mit Schulmeisterei erreichst du bei mir gar nichts. Spar dir deine Mühe.

Sie: Du gibst also zu, daß ich recht habe. Trotzdem willst du dich nicht danach richten. Dabei mein ich es doch nur gut mit dir.

Tischmanieren (Zweite Szene)

Er und sie, erst seit kurzem verheiratet, sitzen sich gegenüber und essen zu Mittag. Er ißt in ziemlich nachlässiger Form hastig und stumm vor sich hin, die Augen auf Teller und Schüsseln gerichtet. Sie blickt bedenklich zu ihm hinüber. Schließlich.

Sie: Du, Rolf . . .

Er: (aufblickend) Ja, was ist denn?

Sie: Ich hab eine Bitte. Iß doch nicht so hastig und formlos und sei nicht so abwesend während der Mahlzeiten.

Er: Ach, du mit deinen Manieren . . .

Sie: Versteh mich doch, Rolf. Es ist einfach unerfreulich für mich: Ich hab mich stundenlang um eine Mahlzeit bemüht, und dann wird sie gedankenlos runtergeschlungen. Ohne rechten Genuß und ohne alle Gemütlichkeit. Ich mag das nicht. Ich fühl mich nicht wohl dabei.

Er: (hat sein Eßtempo verlangsamt und ihr ruhig zugehört.) Wahrscheinlich hast du recht, Gisela. Ich bin eben zu lange Junggeselle gewesen. Ich will mich bessern.

Am Folgetag beim Mittagessen. Er schlingt, wie immer, hastig und stumm. Seine Ellbogen liegen auf dem Tisch. Sein Rücken ist krumm. Sie legt das Besteck aus der Hand und lehnt sich in ihren Stuhl zurück.

134

Sie: Du, Rolf, denk doch an unser Gespräch von gestern . . .

Er: (sich aufrichtend) Ach ja. Die Macht der Gewohnheit.

Sie: Klar. Das geht nicht von heute auf morgen.

6. Nörgelei

Der Kritikaster (Erste Szene)

Es ist Mittag. Sie stellt das Essen auf den Tisch. Es gibt Erbsensuppe. Er probiert mißtrauisch und legt heftig den Löffel hin.

Er: Die Suppe ist schon wieder versalzen.

Sie: (probiert gleichfalls.) Sie ist ein bißchen scharf. Aber was heißt „schon wieder"? Es ist seit Monaten nicht passiert. (Nimmt seinen Teller und die Terrine, um in die Küche zu gehen) Ich bring das gleich in Ordnung.

Kurze Zeit später wird die Mahlzeit fortgesetzt. Er mustert seine Frau kritisch

Er: Wie du am Kopf aussiehst! Es wird Zeit, daß du zum Friseur gehst. Und mit der Küchenschürze bei Tisch . . . Du weißt doch, daß ich Schürzen nicht ausstehen kann.

Sie geht schweigend hinaus. Als sie wiederkommt, hat sie das Haar etwas gerichtet und die Schürze abgelegt.

Sie: Wir hatten große Wäsche heute. Ich hab vier Stunden lang im Waschküchendunst gestanden.

Er: (brummt etwas Unverständliches.)

Nach dem Essen sucht er die Zeitung — anfangs vergeblich. Als er sie endlich gefunden hat.

Er: Die Zeitung gehört in den Ständer. Wie oft muß ich das noch sagen! Manchmal sollte man meinen, du seiest taub.

Sie: Ich hätte dir die Zeitung schon gebracht. Du hättest nur danach zu fragen brauchen.

Eine Viertelstunde später, während er die Zeitung liest und sie sich ein wenig in einem Sessel ausruht.

135

Er: Hier in der Frauenbeilage steht, die Hausfrau solle nicht beim ersten besten Händler einkaufen, sondern dort, wo es am preiswertesten ist. Das hast d u ja sicher nicht nötig.

Sie: (nahe am Weinen) Jetzt reicht es mir aber. Wenn du nicht endlich mit deiner Nörgelei aufhörst, dann lauf ich aus dem Haus.

Er: (erstaunt hochguckend) Man wird doch noch mal was sagen dürfen.

Sie: (heftig) Mal ist gut. Merkst du denn gar nicht, daß du ständig an mir herummeckerst.

Er: Ach was! Du bist nur so empfindlich. Ein Mann muß sagen können, wenn ihm was nicht paßt. Und du gibst mir ja auch oft genug Anlaß dazu.

Der Kritikaster (Zweite Szene)

Am Samstagnachmittag im Wohnzimmer.

Er: Ich war oben auf dem Speicher. Der Rucksack von unserer letzten Wanderung ist immer noch nicht ausgepackt. Mein Mantel hat seit vierzehn Tagen keine Bürste gesehen und meine Hose kein Bügeleisen. Du bist und bleibst eine Schlampe.

Sie: Hör mal, mein Lieber, wir hatten eine Riesenwäsche in der letzten Woche. Die mußte erst in den Schrank. Außerdem wäre dir bestimmt keine Zacke aus der Krone gefallen, wenn du deinen Mantel mal selbst ausgebürstet hättest. Und selbst wenn du recht haben solltest, so bitte ich doch um einen anderen Ton. Ich bin keine Schlampe. (Geht hinaus)

Eine Stunde später. Sie hat inzwischen im Garten gearbeitet, hat Steige geharkt und Blumen geschnitten. Sie kommt herein, streift die Gartenhandschuhe ab und steckt sich eine Zigarette an.

Er: Warum bringst du denn die schmutzigen Handschuhe mit rein! Und wie dein Haar aussieht, ganz zerzaust. Und dann rauchst du schon wieder. Du wolltest doch weniger rauchen. Überhaupt — eine Frau, die raucht!

Sie: (steht auf und sagt ruhig, aber bestimmt) Du hast mal wieder eine schöne Laune! Aber ich denke gar nicht dran, mich ständig von dir abkanzeln zu lassen. Ich verschwinde. (Zieht genießerisch an ihrer Zigarette) Ob ich zum Abendessen zurücksein werde, weiß ich noch nicht. Im Kühlschrank findest du Butter und Aufschnitt. Bier ist auch da. Auf Wiedersehen.

Er: (bleibt verdutzt zurück.)

7. Überempfindlichkeit gegenüber Kritik

Sie ist unpünktlich. (Erste Szene)

Ein Samstagnachmittag im Sommer. Er und sie haben sich für 18.30 Uhr verabredet, um zusammen im Auto fortzufahren und in einem ländlichen Gasthaus zu Abend zu essen. Als sie zur verabredeten Zeit nicht erschienen ist, hat er — mit der Ausarbeitung eines Referates beschäftigt — einen neuen Abschnitt dieser Arbeit begonnen. Um 18.50 Uhr kommt sie erhitzt ins Zimmer gestürmt und wirft Tennisschläger und Tasche auf die Couch.

Sie: Da bin ich.

Er: (Guckt von seiner Arbeit hoch und nickt ihr zu.) Gut. In ein paar Minuten bin ich fertig. Dann können wir fahren.

Sie: (sinkt in einen Sessel neben dem Schreibtisch. Spitz) Da hätt ich mich nicht so abhetzen brauchen, wenn du ohnehin noch nicht so weit bist.

Er: (nachdem er den Satz zu Ende geschrieben hat, ruhig) Ich war schon vor zwanzig Minuten fertig, wie verabredet. Als du nicht kamst, hab ich weiter gearbeitet. Ich will jetzt nur diesen Absatz abschließen.

Sie: (aggressiv) Vielen Dank für deine Strafpredigt!

Er: (erstaunt) Wieso Strafpredigt?

Sie ist unpünktlich. (Zweite Szene)

... Um 18.50 Uhr kommt sie erhitzt ins Zimmer gestürmt und wirft Tennisschläger und Tasche auf die Couch. Dann.

Sie: Du, entschuldige, daß ich mich verspätet habe. Aber ich hatte ein fabelhaftes Doppel gegen die Schmidts. Da konnte ich einfach nicht aufhören. Hast du überhaupt gemerkt, daß es schon so spät ist?

Er: Nee. Ich brauch sogar noch fünf Minuten, um diesen Absatz fertig zu machen. Dann können wir fahren.

Sie: Laß dir nur Zeit. Ich hole inzwischen schon unsere Mäntel. Es wird später sicher kühl.

Sie ist unpünktlich. (Dritte Szene)

... Um 18.50 Uhr kommt sie erhitzt ins Zimmer gestürmt und wirft Tennisschläger und Tasche auf die Couch. Dann.

Sie: Du, entschuldige, daß ich mich verspätet habe. Aber ich hatte ein fabelhaftes Doppel gegen die Schmidts. Da konnte ich einfach nicht aufhören. Und dann dachte ich mir auch, daß dein schöpferischer Geist sich ohnehin nicht gern von der Arbeit trennt.

Er: Biest! Natürlich nutz ich meine Zeit. Trotzdem hab ich mich geärgert. Das herrliche Doppel! Natürlich! Du lebst immer nur im gegenwärtigen Augenblick, notfalls auf Kosten der anderen, wobei leider meistens i c h der Dumme bin.

Sie: (zerknirscht) Au! Jetzt bist du doch böse. Und ich hatte so gehofft, du würdest nicht schimpfen. Wirst du mich auch noch verhauen?

Er: (halb ärgerlich, halb lachend) Wenn ich mir irgendwas davon verspräche, tät ich's bestimmt. Laß mich jetzt bitte in Ruhe, damit ich dies hier abschließen kann. In fünf Minuten können wir fahren.

Kommentare

In den vorangegangenen Szenen dreht es sich jeweils um Kritik in der Ehe. Es geht darum, wie Kritik unter Eheleuten geäußert und wie sie aufgenommen wird.

Kritik ist sicher in jeder zwischenmenschlichen Beziehung und damit auch in der Ehe unerläßlich; sie ist außerdem ein anregendes, belebendes und Wandlung bewirkendes Element. Ohne die Fähigkeit zu kritischer Auseinandersetzung ist eine befriedigende Lebensbewältigung überhaupt schwer denkbar. Ist doch Kritik ein wesentliches Instrument, um auf die Welt im Sinne der Umgestaltung einzuwirken.

Die Fähigkeit zu gesunder, das heißt zu unbefangener, gezielter und gleichzeitig wirksamer Kritik, zu einer Kritik, die beim anderen „ankommt", kann in vielfacher Weise gestört sein. Doch kann nicht nur das Vermögen zu aktiver Kritik, zu eigener Kritikausübung beeinträchtigt sein, sondern auch die Fähigkeit, Kritik des anderen zu akzeptieren und für sich fruchtbar zu machen.

In den vorangegangenen Szenen ist dargestellt, warum Kritik nicht wirksam werden kann, woran sie sozusagen scheitert.

So kann Kritik unwirksam bleiben, weil sie zur u n r e c h t e n Z e i t erfolgt. Oder sie wird zurückgewiesen, weil sie unter f a l s c h e m V o r w a n d vollzogen wird. Kritik kann am Partner abprallen, weil sie i n u n p a s s e n d e r F o r m geschieht, oder sie verfehlt ihre Wirkung, weil sie ü b e r t r i e b e n ist, weil sie in r e c h t h a b e r i -

s c h e r   W e i s e kein Gegenargument des anderen zuläßt oder schließlich, weil sie im Sinne der N ö r g e l e i zu einer Dauerhaltung wird, die dem anderen das Leben zur Hölle macht.

Schließlich wurde noch dargestellt, wie Ü b e r e m p f i n d l i c h k e i t gegenüber der Kritik des Partners zu einer erheblichen Behinderung im ehelichen Zusammenleben werden kann.

1. Kritik zur unrechten Zeit

Die Gardinenpredigt

Wo Menschen zusammenleben, gibt es auch Kritik aneinander — ganz unvermeidbar und notwendig. Die Art und Weise, wie man Kritik äußert, wird davon abhängen, ob einem nur daran liegt, dem eigenen Herzen Luft zu machen, oder ob es einem *auch* darum geht, daß der andere sich die Kritik zu Herzen nimmt. Ist einem auch dies wichtig, möchte man eine wirksame Kritik, dann ist die Überlegung: wann Kritik, zu welchem Zeitpunkt ebenso wichtig wie die Frage des Wie, des rechten Tones.

Die Ehefrau der *ersten Szene* muß offenbar dranghaft ihrem Herzen Luft machen. Das geschieht, vom Gesichtspunkt der Wirksamkeit her, zu denkbar ungünstiger Stunde, zur Zeit, als der Partner erschöpft und abgespannt vom Dienst nach Hause kommt.

Man kann sich gut vorstellen, wie er gerade jetzt für nichts weniger aufnahmebereit ist als für eine Gardinenpredigt. Er wird sie entweder resigniert über sich ergehen lassen und vielleicht gar nicht hinhören oder er wird, wie in unserem Beispiel, sich aktiv dagegen wehren, wird die Kritik seiner Frau zurückweisen aus dem vollen Berechtigungsgefühl, das eine Notwehrsituation verleiht. Er wird zu diesem Zeitpunkt auch nicht ansatzweise bereit sein, die geäußerten Vorwürfe auf ihren Inhalt zu prüfen.

Freilich gibt es Situationen, da stehen Ärger und Protest unter einem solchen Explosionsdruck, daß man damit herausplatzen muß, auch wider alle Vernunft und ohne sich den Teufel um den richtigen Zeitpunkt zu scheren. Jedoch: Wirksam wird sie nicht, Kritik zu unrechtem Zeitpunkt. Das ist eine Erfahrungstatsache, die wahrscheinlich jeder aus eigenem Erleben kennt.

Die Ehefrau der *zweiten Szene* konnte offenbar einen Spannungsbogen entwickeln, der es ihr möglich machte, Kritik nicht in Form herausgeplatzter Vorwürfe, sondern zu geeigneter Stunde und in zugewandter Form „an den Mann" zu bringen.

Beileibe soll damit nicht der Aufhebung jeder Spontaneität im Zusammenleben das Wort geredet werden. Oft genug ist spontane Kritik auch gleichzeitig eine Kritik zum richtigen Zeitpunkt. Oft genug ist der Ärgerimpuls so heftig, daß er um jeden Preis herausdrängt. Doch je mehr einem an der Wirksamkeit der Kritik liegt, desto wichtiger wird die Frage nach dem Wann, Wo und Wie.

In der behaglichen Stimmung einer ruhigen Stunde hat Kritik dagegen gute Aussicht, aufgenommen und assimiliert zu werden.

Benimm dich!

In beiden hier geschilderten Fällen begeht der Ehemann in gesellschaftlichen Situationen konventionelle Schnitzer, und zwar in Situationen, die es besonders wünschenswert erscheinen lassen, einen guten Eindruck zu machen. Die beiden Ehefrauen aber, wie verschieden reagieren sie auf die faux pas ihrer Männer! Und wie verschieden sind auch die zwischenmenschlichen Einstellungen, die durch ihre Reaktionsweisen deutlich werden!

Der ersten Frau ist das eigene Prestige das Wichtigste. Um der Meinung der anderen willen distanziert sie sich ausdrücklich und betont von den kleinen konventionellen Entgleisungen ihres Mannes, um so zu zeigen, daß wenigstens s i e weiß, was man zu tun und zu lassen hat. Der gute Eindruck auf die anderen ist ihr wichtiger als die Verbundenheit mit ihrem Partner, wobei bezweifelt werden darf, ob sensible Menschen von ihrem Verhalten unbedingt einen guten Eindruck empfangen werden.

Die andere Ehefrau läßt ihren Mann ebenfalls nicht einfach gewähren, wenn er sich über geltende Spielregeln hinwegsetzt. Sie möchte ihn vor den Folgen bewahren, die ein unkorrektes Benehmen in der Gesellschaft auslösen kann. Aber sie tadelt ihn nicht vor den anderen, sondern macht ihn unauffällig auf seine Verstöße aufmerksam – nicht maßregelnd, sondern fürsorglich. Sie legt zwar Wert auf die Meinung der Mitmenschen; wichtiger aber ist ihr die Verbundenheit mit dem Partner.

2. Kritik unter falschem Vorwand

Klaus spielt mit der Eisenbahn.

Von der Frage, ob es pädagogisch ratsam ist, Kinder zu verprügeln oder nicht, soll hier abgesehen werden. Auf keinen Fall aber ist es zu empfehlen, das Kind in die Auseinandersetzung zwischen Eltern einzubeziehen. In unserem speziellen Fall schiebt sie, unbewußt, das Kind als Puffer zwischen sich und den Partner. Ihr Hinweis auf sein gröbliches Verhalten auch ihr selbst gegenüber deutet an, daß sie sich schon öfters deshalb geärgert hat, und zwar schweigend und ohne sich zu wehren. Jetzt ergreift sie die günstige Gelegenheit, um ihn unter der Fahne der Liebe für ihr Kind endlich einmal zu attackieren; in eigener Sache würde sie sich dazu nicht berechtigt fühlen.

Im zweiten Fall kommt es nicht zu einer derartigen Überschichtung der Motive. Zur Diskussion steht lediglich die Erziehungsfrage. Auch diese Mutter ist nicht von der Richtigkeit der väterlichen Erziehungsaktion überzeugt. Sie setzt sich deswegen mit ihrem Partner auseinander, sachlich und ohne das Kind gegen ihn auszuspielen.

Wen liebst du mehr?

Welch unsinnige Frage! Wie soll ein Kind entscheiden, wer von den Eltern liebenswerter ist? Es wird durch solche Frage gefühlsmäßig beunruhigt und in einen Konflikt getrieben, den es in seinem Alter unmöglich lösen kann. Aber was uns in diesem Zusammenhang vor allem wichtig erscheint, ist die Tatsache, daß hier ein Elternpaar um die Liebe des Kindes rivalisiert, daß Vater und Mutter die größere Zuneigung des Sohnes für den einen oder den anderen zu einer Art Gottesurteil darüber machen wollen, wer Recht und wer Unrecht hat. Wen das Kind mehr liebt, der hat Recht! Ein Konflikt der Eltern wird auf das Kind verschoben. Die Mutter ruft den Sohn als Bürgen und Kronzeugen dafür auf, daß der Vater ein Egoist sei — deshalb, weil sie sich ihrem Mann gegenüber nicht zu behaupten vermag. Eigene Urteile, eigene Kritik sollen dadurch Gewicht bekommen, daß der winzige Sohn die eigene Ansicht teilt.

Solche Frauen sind meist in einem Klima aufgewachsen, das der Entwicklung von allen auf Kritik und Selbstdurchsetzung zielenden Kräften abhold war. Sie erlebten in der Kindheit ein Milieu, in dem mehr oder minder völlige Anlehnung an den stärkeren Elternteil als die beste Anpassung erschien, Anpassung im Sinne einer weitgehenden Angstvermeidung. Dieser starke Elternteil wurde in gleichem Maße verehrt und gefürchtet. Kritik und Selbstbehauptung waren ihm gegenüber nur möglich im Bündnis mit dem schwächeren Elternteil. Das Erleben und Verhalten des Kindes wurde also bestimmt durch übergefügige Anlehnung an den Starken auf der einen Seite und durch Bündnis „politik" mit dem Schwächeren gegen den Starken auf der anderen Seite. „Verbunden werden auch die Schwachen mächtig" (Schiller).

Dieses früh geübte Spiel wird von der Ehefrau und Mutter der vorangegangenen Szene, ihr selbst unbewußt, im aktuellen Geschehen wiederholt: Weil sie eine offene Auseinandersetzung mit dem „Egoismus" ihres Mannes fürchtet, verbündet sie sich in ihrer kritischen Ablehnung mit dem kleinen Sohn.

Es wird einleuchten, daß eine solche indirekte und untergründige Form der Auseinandersetzung auch ständig untergründige Spannungen zwischen den Partnern schafft und unterhält.

3. Kritik in unpassender Form

Kochrezepte

Der Ehemann der *ersten Szene* ergreift im Streit zwischen Frau und Mutter ausdrücklich die mütterliche Partei. Seine Frau fühlt sich dadurch verständlicherweise im Stich gelassen und sozusagen verraten. Kritik am Ehepartner, besonders wenn man sie vor den Augen und Ohren Dritter ausspricht, wird um so eher akzeptiert, je taktvoller sie formuliert und je weniger sie mit ausgesprochener Parteinahme gegen Partner oder Partnerin verbunden ist. Warum Kritik nicht in einer Form äußern, die keinen Zweifel darüber läßt, daß man sich dem anderen über alle Meinungsverschiedenheiten hinweg verbunden fühlt?

Dabei handelt es sich bei dem unterschiedlichen Verhalten der beiden Ehemänner wiederum nicht um die Anwendung voneinander abweichender bloßer Techniken, sondern um die Auswirkung verschiedener Grundeinstellungen, um eine Verschiedenheit — wenn man so will — in der Reife.

Der Ehemann der *ersten Szene* ist autoritätsgläubig und autoritätshörig: Ansichten und Weisungen aus dem Munde älterer Menschen, und nun gar aus dem Munde der eigenen Mutter, sind eo ipso gut, zutreffend und weise. Er wurde von früh an dazu erzogen, die elterlichen Gebote und Verbote kritiklos hinzunehmen. Er wurde von jeher zu unbedingtem, das heißt unkritischem Respekt vor allen Älteren angehalten, vor allen Autoritäten und allen Traditionen. Diese Abhängigkeit machte es ihm unmöglich, jene Eigenschaften zu entwickeln, die einen Menschen befähigen, selber Autorität zu werden und zu sein. Denn Autorität kann nur sein, wer fähig ist zur Kritik, zu eigenem Überblick, zu eigenem Standpunkt und zu eigener Entscheidung. Diese Unselbständigkeit nötigt ihn dann wiederum zwangsläufig, zur fremden Autorität zu halten und sich ihr zu unterstellen.

Der Ehemann der *zweiten Szene* kann deswegen die Funktion eines Schiedsrichters übernehmen, weil er innerlich frei ist und nicht gezwungen, sich kritiklos an Ältere anzulehnen. Und wenn er bei kritischem Vergleich einräumen müßte, daß seine Mutter nicht nur die erfahrenere, sondern auch die bessere Köchin wäre, so würde er doch die unabhängige Haushaltsführung seiner Frau auch gegen die Mutter verteidigen. Er würde die mütterliche Kochkunst loben, er würde seiner Frau vielleicht auch empfehlen, sich die Ratschläge der Mutter anzuhören. Sicher aber wäre er voller Verständnis dafür, daß seine Frau in ihrem Haushalt selbst das Szepter schwingen möchte, und sei es auch mit zunächst noch vergleichsweise geringer Erfahrung und Sachkenntnis. Er würde sich vorbehaltlos hinter den Wunsch seiner Frau nach Eigenständigkeit stellen.

4. Übertriebene Kritik

Die Kaffeekanne

Erste Szene: Er gebärdet sich, als sei mit der Kaffeekanne das „Glück von Edenhall" zersprungen. Es gibt Männer — Frauen nicht minder —, die geraten bei allen Sachbeschädigungen aus dem Häuschen. Sie sind zumeist in einem Milieu aufgewachsen, in dem Sachen höher bewertet wurden als Menschen. Ein Kratzer in der Politur eines Möbelstückes wurde Anlaß zu langwieriger Ermahnung. Die gefühlshafte Beziehung, das eigentlich Zwischenmenschliche, kam zu kurz. So bildete sich eine falsche Rangordnung der Werte, und der Verlust einer Kaffeekanne erscheint wichtiger als der Schreck der Hausfrau, der dieses Malheur passierte.

Natürlich sind Sachbeschädigungen und Sachverluste nicht gerade erfreulich. Der Ehemann der *zweiten Szene* erlebt und wertet sie jedoch ganz anders als jener der ersten. Er nimmt den Schaden mit Gelassenheit zur Kenntnis und tröstet seine Frau, deren Kummer ihn mehr berührt als die zerdepperte Kaffeekanne. Das liegt nicht etwa daran, wie man vermuten könnte, daß er über mehr Geld und über ein großzügigeres Budget verfügt. Tatsächlich wird die Einstellung gegenüber Sachverlusten von der Größe des Geldbeutels nicht wesentlich beeinflußt. Diese Einstellung hat andere Hintergründe.

Man darf sich vorstellen, daß der verständnisvolle Mann in einem Haus aufwuchs, in dem die mitmenschliche Beziehung sehr viel galt. Wenn das Kind ein Glas umstieß und der Kirschsaft sich auf den guten

Damast ergoß, wenn es beim vorweihnachtlichen Spiel mit Kerzen und Tannenzweigen ein Loch in die polierte Tischplatte brannte, wenn es eine Lampe umriß und eine Glühbirne zerbrach, so waren das zwar Ärgernisse, aber der Familienhimmel stürzte deswegen nicht ein. Weiß Gott nicht! Das Kind wurde zwar getadelt und vielleicht ermahnt, künftig besser acht zu geben. Aber es wurde wegen dieser „Untaten" nicht moralisch abgewertet oder gar zum kleinen Verbrecher gestempelt, der gegen die heiligsten Güter der Familie gefrevelt hatte.

Noch ein anderes Moment spielt bei der inneren Verarbeitung von Sachverlusten eine Rolle. Es gibt Menschen — der Ehemann der ersten Szene ist wahrscheinlich einer von ihnen —, die innerlich gar nicht damit rechnen, daß sie jemals Verluste erleiden könnten. Sie hegen die illusionäre Erwartung, daß ein Leben ohne Verluste möglich sei und erleben jeden dennoch eintretenden Schaden solcher Art als eine persönliche Kränkung und Beleidigung. Sie unternehmen zum Beispiel eine vierwöchige Ferienreise mit dem Auto und sind in keiner Weise darauf eingestellt, daß unterwegs irgendein Gegenstand verlorengehen oder daß der Wagen diese oder jene kleine Beschädigung erleiden könnte. Utopie eines Lebens ohne Verluste!

Jene Menschen dagegen, zu denen der Ehemann der zweiten Szene gehört, sind von vornherein darauf eingestellt, daß Gebrauchsgegenstände und Sachgüter vom Zahn der Zeit ebenso bedroht sind wie von plötzlich hereinbrechender Zerstörung, daß sie sich abnutzen oder gelegentlich in die Brüche gehen.

5. Rechthaberische Kritik

Tischmanieren

Es soll hier nicht das Wie und Warum von Tischsitten erörtert werden. Es handelt sich vielmehr um die Frage, auf welche Weise ein Verhalten des Partners, das einem Mißbehagen schafft, das lästig ist oder unter Umständen auch zusätzliche Arbeit verursacht, auf welche Weise solch ein Verhalten zu ändern ist.

Es geht der Partnerin der ersten Szene gar nicht so sehr um die Sache. Die Sache ist: Das wenig ansprechende Verhalten des Tischgenossen und eine Einflußnahme darauf. In erster Linie geht es ihr vielmehr darum, dem Partner gegenüber recht zu haben, ihn ihre Überlegenheit spüren zu lassen. Die Art und Weise ihres Vorgehens macht das ganz deutlich: Sie kanzelt ihn ab, anstatt ihn freundlich auf sein „Mißverhalten" aufmerksam zu machen. Sie schulmeistert ihn, sie moralisiert, kurz sie redet

144

von oben nach unten auf ihn ein, bestrebt, ihn klein zu machen. Er spürt das genau und setzt sich zur Wehr. Wahrscheinlich würden sich sehr viele Menschen in ähnlichen Situationen zur Wehr setzen, mit lautem Protest oder passiver Resistenz, je nach Charakter und Temperament.

Freilich, eine solche Frau wird sich gar nicht leicht ändern können, bestimmt nicht, solange sie davon durchdrungen ist, daß sie es „ja nur gut mit ihm meine". Sie kennt sich zu wenig, um zu wissen, daß sie vor allem ihre Herrschaftsgelüste befriedigt, wenn sie sich um die Manieren und Umgangsformen, um das Benehmen des Partners scheinbar fürsorglich kümmert.

Die Entstehung eines solchen Charakterzuges ist etwa folgendermaßen vorzustellen: Diese Ehefrau stand als Kind unter dem Einfluß einer dominierenden Mutter, die keinen eigenen Willen bei ihr aufkommen und sich entfalten ließ, die vielmehr zur Unterwerfung unter die Gesetze der sogenannten Konvention zwang, unter die Gesetze des: Das und das tut man, und das und das tut man eben nicht.

Aus den Regeln der Konvention, die doch dem Wortsinn nach (convenire heißt zusammenkommen) dem Menschen dazu verhelfen sollten, leichter und besser mit seinen Mitmenschen zusammen- und auszukommen, wurden in diesem Kindheitsmilieu eiserne Gesetze und starre Verhaltensnormen. Die Tochter hat — was blieb dem Kinde auch anders übrig — die mütterlichen Gebote gefügig übernommen und sich zu eigen gemacht. Sie versucht nun, mit denselben Gesetzen, denen sie sich unterwerfen mußte, auch die anderen, vor allem den Ehepartner zu manipulieren und sich auf diese Weise durchzusetzen. Solche Schulmeisterei ist für diese in ihrer Eigenwilligkeit behinderte Frau die entscheidende Form, sich Macht und Geltung zu verschaffen. Eine entstellte und unproduktive Form des Strebens nach Selbstbehauptung und Geltung!

Ist sie bereit und in der Lage, diese Zusammenhänge ihres Erlebens einzusehen, dann wird es ihr vielleicht gelingen, die in ihrer Schulmeisterei geronnenen Macht- und Geltungstendenzen auf eine Weise zu realisieren, die fruchtbar und wirklich befriedigend ist. — Nebenbei noch: Das Verhalten bei Tisch ist keine bloße Äußerlichkeit, um die zu kümmern sich nicht lohnt, wie der Ehemann meint. Es geht vielmehr um die Konvention in ihrem eigentlichen Wortsinn.

Durch Rechthaberei und dadurch, daß man Grundsätze und Verhaltensregeln aufmarschieren läßt, wird man den anderen kaum ändern können, wohl aber durch ruhiges wiederholtes Bitten und durch geduldiges Abwarten *(zweite Szene)*. Denn niemand vermag sich, auch bei allerbestem Willen, von heute auf morgen zu ändern. Es wird immer einige Zeit dauern, bis das alte eingeschliffene Verhalten durch ein neues abgelöst und das neue Verhalten zu einer Gewohnheit ausgebildet ist. Man braucht mindestens ein halbes Jahr, um einen fehlerhaften Tastenanschlag beim Klavierspiel auszumerzen. Mit solchen Zeiträumen muß man auch bei der Änderung von anderen Gewohnheiten rechnen.

6. Nörgelei

Der Kritikaster

Gegenseitige Kritik ist in der Ehe wie in jeder zwischenmenschlichen Beziehung unerläßlich. Jedoch ist beileibe nicht jede Art von Kritik für den anderen erträglich, noch für die Beziehung fruchtbar. Es gibt eine konstruktive, es gibt aber auch eine destruktiv wirkende Kritik. Davon war im ersten Kapitel dieser Studie schon die Rede.

Daß es in der vorangegangenen Szene um eine Art chronischer Nörgelei und damit um eine mehr destruktive Kritik geht, leuchtet unmittelbar ein. Solchen Ehemännern paßt nichts, aber auch gar nichts an ihren Frauen. Die Frauen können ihnen schlechthin nichts recht machen.

Diese Männer sind im Grunde ihres Erlebens eigentlich ständig persönlich beleidigt deswegen, weil die Welt um sie herum, weil vor allem die eigene Frau nicht so vollkommen ist, wie sie es sich gern vorstellen und — zum Teufel noch mal — auch verlangen können. Sie „leiden" an einer Vollkommenheitsidee. Sie überprüfen und messen jede Handlung, jedes Verhalten der Partnerin an dem ihnen innewohnenden weiblichen Idealbild. Wie es einer irdischen Frau, gemessen mit solchem Maß, ergeht, braucht nicht näher erläutert zu werden. Der Mann versucht sodann, ein mißmutiger Pygmalion, durch Dauernörgelei aus seiner Partnerin die Galathée seines vollkommenheitssüchtigen Herzens herauszumeißeln. Über die Erfolgschancen eines solchen Bemühens braucht gleichfalls nichts gesagt zu werden.

Chronische Nörgler und Kritikaster haben als Kinder zumeist unter Entwicklungseinflüssen gestanden, die, kurz skizziert, etwa folgendermaßen aussehen: Sie hatten oft verwöhnende Mütter, die dem Kinde auch über das Kleinkindalter hinaus zuviel abnahmen, sich zu sehr auf seine Launen einstellten und sich für seine Wünsche aufopferten, die seiner Majestät dem Kind gegenüber immer zu dienender Huldigung bereit waren. Auch das heranwachsende Kind blieb auf diese Weise an die Vorstellung gewöhnt: Mutter macht alles, ja muß alles machen. Es verfügte weiterhin anspruchsvoll über die immer vorhandene Einsatzbereitschaft der Mutter und blieb dabei selbst mehr oder weniger unselbständig.

Solche Menschen sind ferner oft in einem Milieu aufgewachsen, in dem die Eltern sich als etwas Besonderes erlebten, deutlich abgehoben vom „gemeinen Volk". Es gibt soziale Situationen, die zu solchen Einstellungen sozusagen disponieren. So genießen etwa Pfarrer, Lehrer oder Ärzte in kleineren Gemeinwesen, in Kleinstädten oder Dörfern, oft das soziale Prestige von kleinen Königen. Ein Kind, das in solchem Rahmen aufwächst, wird verständlicherweise — besonders bei entsprechenden Einstellungen der Eltern — den Eindruck bekommen, einer außerordentlichen Klasse Mensch anzugehören und selbst ein ungewöhnlicher Mensch zu sein, der auf bestimmte Privilegien einen natürlichen Anspruch hat und in jeder Situation eine gewisse Bevorzugung verlangen kann.

Als weiteres entwicklungsbestimmendes Element ist das patriarchalische System anzusehen, durch das, soweit es sich um Jungen handelt, im Zusammenwirken mit den zuvor genannten Einflüssen anspruchsvolle Nörgler herangezüchtet werden können — das patriarchalische System oder ein Milieu im weiteren Sinne, in dem das männliche Prinzip, auch und gerade von seiten der Frau, überbewertet wird.

Aus den genannten drei Wurzeln wächst dann unter anderem der zuvor erwähnte Vollkommenheitsanspruch, der an die Partnerin gestellt, mit dem sie gemessen und durch den sie gerichtet wird. Dieser Vollkommenheitsanspruch wird für die Partnerin zu einem dauernden Menetekel: „Gewogen und zu leicht befunden."

Nun noch etwas zur Reaktion auf solche Nörgelei! Diese Art Kritik fordert eine kräftige Gegenwehr, da sie nicht einem besseren Zusammenleben und Zusammenwirken, sondern nur dem „Vollkommenheitswahn" des Kritisierenden dient. Solchen Rezensenten sollte man nach Eduard Mörikes Muster „heimleuchten":

> Zuletzt stand er auf; ich tat ihm leuchten.
> Wie wir nun an der Treppe sind,
> Da geb ich ihm, ganz froh gesinnt,
> Einen kleinen Tritt
> Nur so von hinten aufs Gesäße mit.*

Man sollte ihn also energisch in seine Schranken weisen, wozu Worte allein oft nicht ausreichen. So tut es die Partnerin unseres zweiten Gesprächs, indem sie fortgeht und ihren Ehemann mit seiner überkritischen Laune allein läßt. Nur solche Gegenwehr wird der chronische Nörgler

---

* aus „Abschied" von E. Mörike

allenfalls zum Anlaß nehmen, sich zu überlegen, ob er nicht doch vielleicht von seiner Partnerin zu viel verlangt.

Drastische Reaktionen dieser Art sind freilich nur am Platze bei chronischer Nörgelei. Eine gelegentliche schlechte und zu ungerechter Kritik und Krittelei verführende Laune hat jeder einmal.

7. Überempfindlichkeit gegenüber Kritik

Sie ist unpünktlich.

Erste Szene: Sie empfindet eine sachliche Feststellung als persönlichen Vorwurf und wehrt sich, indem sie ihm ihrerseits Vorwürfe macht. Sie dreht also den Spieß um. Wie kommt es zu einer solchen Verhaltensweise?

Die Kindheitsgeschichte dieser Menschen sieht im typischen Fall folgendermaßen aus: Sie erleben als Kind, daß Verstöße gegen Pünktlichkeit, Ordnung und Sauberkeit heftig geahndet werden, daß die Eltern darauf mit moralisierenden Vorwürfen reagieren, die, im Extrem, etwa so aussehen: „Du bist ja ein unmögliches Geschöpf." Oder: „Wer so unordentlich ist, kann mein Kind nicht sein." Oder: „Wenn du wieder so spät nach Hause kommst, will ich dich überhaupt nicht mehr sehen."

Ein solches Kind erfährt, daß Unpünktlichkeit eigentlich unentschuldbar ist und daß man sich die damit verscherzte Liebe der Eltern durch angestrengte Bemühung, brav und gehorsam zu sein, erst wieder erringen muß. „Ich sagte mir: du mußt wieder Gunst erwerben", erinnerte sich eine Patientin, die ein solches Kinderschicksal hatte.

Auf der anderen Seite tauchen natürlich Wut und Haß in einem Kinde auf, wenn es von den Eltern so heruntergemacht wird, nur weil es mit der Pünktlichkeit hapert. Wut und Haß gegen die Eltern, die einen als Totalperson abwerten und ablehnen, bloß weil man zu spät nach Hause kommt. Diese Aggressionen tauchen auf und müssen — das ist in einer solchen Atmosphäre nicht anders möglich — sofort wieder unterdrückt und aus dem Erleben ausgeschaltet werden. Schuldgefühle und Aggressionen in der geschilderten Art gehören übrigens immer zusammen. Es sei hier eingeschaltet: Haß ist vornehmlich eine Reaktion darauf, daß man sich als Mitmensch nicht angenommen fühlt.

Die Ehefrau der ersten Szene kommt also nach Hause, voller Schuldgefühle und Selbstvorwürfe wegen ihrer Verspätung. Sie hat Schuldgefühle ihrem Mann gegenüber, von dem sie wie einst von ihren Eltern erwartet, daß er nicht nur ihre Unpünktlichkeit tadelt, sondern daß sie deswegen als Gesamtperson für ihn erledigt und abgetan ist. Sie richtet Vorwürfe an die eigene Adresse, weil sie es sich selbst gleichfalls nicht verzeihen kann, sich verspätet zu haben. Wie die Eltern früher mit ihr als Kind verfahren sind, so geht sie jetzt als Erwachsene mit sich selbst um. Anders ausgedrückt: Sie hat sich die elterlichen Gebote und Verbote, hat sich die elterlichen Einstellungen und Strafvollzüge sozusagen einverleibt; sie sind ihr in Fleisch und Blut übergegangen. Sie findet es jetzt selbst ganz und gar unmöglich, unpünktlich zu sein. Sie findet sich im Grunde strafwürdig und insgesamt nicht akzeptabel, wenn ihr dergleichen passiert.

Sie kommt also nach Hause, voll unbehaglicher Gespanntheit und der Vorwürfe ihres Mannes gewärtig. Sie fürchtet diese Vorwürfe in gleichem Maße wie sie deren Urheber haßt. Es wurde zuvor schon gesagt: Wo Schuldgefühle und Angst gezüchtet werden, da wächst in unabdingbarer Symbiose auch Wut und Haß auf die Erzeuger dieser Gefühle.

Sie kommt nach Hause; aber wider Erwarten macht der Partner ihr gar keine Vorwürfe. Er nimmt ihre Unpünktlichkeit sachlich zur Kenntnis. Man möchte annehmen, daß die Frau auf den freundlich-sachlichen Empfang durch ihren Mann mit aufatmender Erleichterung reagieren würde. Doch das ist nicht der Fall. Im Gegenteil! Freilich ist das nicht einmal so unverständlich. Man erinnere sich nur daran, wie einem zu Mute ist, wenn man von einem anderen heftig erschreckt wurde und es sich nun herausstellt, daß alles nur Scherz und Bluff war und ein Schuß aus einer Zündplättchenpistole. Man ist zunächst doch ärgerlich auf den Urheber des Scheinschrecks und man zaust und beschimpft ihn wegen seiner frechen Rücksichtslosigkeit. Ein solcher Zorn entlädt sich nun auf den Ehemann, der seine unpünktliche Frau ja auch gleichsam in Schrecken versetzt hatte. Das heißt die Verspätete hatte ihn auf ihrem Heimweg als drohende und strafende Schreckensgestalt vorschweben gehabt.

Dazu kommt noch — so kompliziert kann es im menschlichen Erleben zugehen —, daß ihre Selbstvorwürfe wegen der schlechthin unverzeihlichen Sünde der Unpünktlichkeit fortbestehen. Diese ursprünglich gegen sich gerichteten Vorwürfe kann sie nun „berechtigterweise" gegen ihn wenden, sie kann den Spieß umdrehen.

Die Berechtigung ergibt sich daraus, daß er ihre Bemühung um seine Liebe und Gunst, das heißt die Hetze mit der sie ihre Unpünktlichkeit gutzumachen versuchte, gar nicht anerkannt und honoriert hat. Eigentlich hätte er etwa folgendermaßen sprechen müssen: „Aber mein armer Schatz, warum hast du dich denn so abgehetzt. Das hättest du doch nicht zu tun brauchen. Ich weiß doch: Wenn du wirklich mal zu spät kommst, dann ist es bestimmt nicht deine Schuld."

Die Partnerin der beiden anderen Gespräche ist frei von solchen Gefühlsrückständen aus früher Kindheit. Es tut ihr leid, zu spät gekommen zu sein. Aber sie fühlt sich deswegen nicht moralisch minderwertig.

Unpünktlichkeit wird für den Betroffenen selten erfreulich sein, aber der Mensch ist schließlich kein Präzisionsuhrwerk, sondern ein Lebewesen. Und obwohl er keine Maschine ist, gibt es doch im täglichen Leben der modernen Gesellschaft so viele Situationen, Dienstzeiten, geschäftliche Termine, Zug- und Autobusanschlüsse, in denen er pünktlich „funktionieren" muß, wenn er sich nicht selbst schädigen will. Es ist daher nur verständlich, wenn er sich im privaten und im intimen Bereich ein bißchen mehr Freiheit und zeitlichen Spielraum wünscht. Vielleicht sollte man sich etwas mehr Lässigkeit, etwas mehr Lockerheit im Sinne gegenseitiger Toleranz in dieser Hinsicht ruhig zugestehen. Dieses Bedürfnis wird auch signalisiert durch Einrichtungen wie das akademische Viertel, das gestattet, zu einer akademischen Veranstaltung nicht pünktlich mit dem Stundenschlag, sondern c. t., cum tempore, das heißt mit Verspätung zu kommen. Oder auch durch gesellschaftliche Konventionen, die es erlauben, bei Einladungen, je nach Art der Veranstaltung, später zu erscheinen als vereinbart wurde (bei einem Essen im Privathaus bis zu 10 Minuten, beim Nachmittagstee oder Kaffee bis zu einem Viertelstündchen, bei einem Hausball sogar bis zu einer Stunde — so steht es in einschlägigen Büchern zu lesen). Ein wenig Zugeständnis in Richtung größerer Ungezwungenheit, in Richtung von laisser-faire, laisser-aller ist also wünschenswert, ohne daß damit einer chronischen Unpünktlichkeit das Wort geredet werden soll.

Der Partner der *zweiten Szene* zeigt in diesem Sinne Verständnis für das Verspätet-sein seiner Frau. Aber selbst wenn sich der Ehemann ernstlich darüber ärgert *(dritte Szene)* und diesem Ärger Ausdruck verleiht, so braucht die Frau, obschon getadelt, sich doch nicht in ihrer Totalperson getroffen zu fühlen. Denn der Ärger richtet sich nur gegen ein spezielles Verhalten; und die Liebe braucht deswegen nicht geringer zu werden.

IV. Schlußwort

Alles prüfe der Mensch, sagen die Himmlischen,
*   Daß er, kräftig genährt, danken für alles lern'*
*   Und verstehe die Freiheit,*
*   Aufzubrechen, wohin er will.**

Die Freiheit zu eigenwilligem Aufbruch kann nur verstehen, wer zuvor alle Gegebenheiten und Möglichkeiten kritisch geprüft hat. Die Freiheit zur Eigenwilligkeit und die Freiheit zur Einordnung und zum Danken-Können! Denn Danken ist nur möglich aus Verbundenheit und Einordnung heraus.

Bloße Freiheit zur Eigenwilligkeit steht in Gefahr, zur Willkür zu entarten im Sinne von Eigensinn und Eigenmächtigkeit. Freiheit nur zur Einordnung trägt in sich das Risiko, zur Unfreiheit zu werden im Sinne von Unterordnung und Subordination.

Die paradoxe Situation, gleichzeitig Individuum und zoon politikon, Individualwesen und Sozialwesen zu sein, stellt dem Menschen die „Zumutung", einen eigenen Willen zu entwickeln und zu betätigen und gleichzeitig freiwillig sich und die eigenen Willensimpulse dem jeweiligen Gemeinschaftsinteresse und damit auch den Belangen der ehelichen Partnerschaft einzuordnen.

„Aufzubrechen, wohin er will!" In poetisch knapper Form hat der Dichter ausgedrückt, was wir zuvor versucht haben, psychologisch zu entwickeln und zu verdeutlichen.

---

* F. Hölderlin: aus „Lebenslauf" (Zweite Fassung)

Psychologische Handbücher bei Kindler

Handbuch der Ehe-, Familien- und Gruppen-Therapie

Herausgegeben von CLIFFORD J. SAGER
und HELEN SINGER KAPLAN
Edition der erweiterten deutschen Ausgabe
von ANNELISE HEIGL-EVERS
Mit einem Vorwort von Horst E. Richter
3 Bände mit insgesamt 1276 Seiten, Leinen

Handbuch der Verhaltenstherapie

Herausgegeben von CHRISTOPH KRAIKER
672 Seiten, Leinen

Handbuch der Kinder-Psychoanalyse

Einführung in die Psychoanalyse von Kindern und
Jugendlichen nach den Grundsätzen der Anna-Freud-Schule
Herausgegeben von GERALD H. J. PEARSON
424 Seiten, Leinen

Handbuch der psychologischen Theorien

von ANN F. NEEL
Ca. 540 Seiten, Leinen (erscheint im September '74)

FRIEDRICH DOUCET
Forschungsobjekt Seele

Eine Geschichte der Psychologie
352 Seiten, Leinen

IRVIN D. YALOM
Gruppenpsychotherapie

Grundlagen und Methoden
Ca. 464 Seiten, Leinen (erscheint im Oktober '74)